中国式
人生智慧
图解书系

中国式
人生智慧
图解书系

王春永 主编

零压力每一天

活 得 轻 松 的 道 家 智 慧

Zero pressure every day

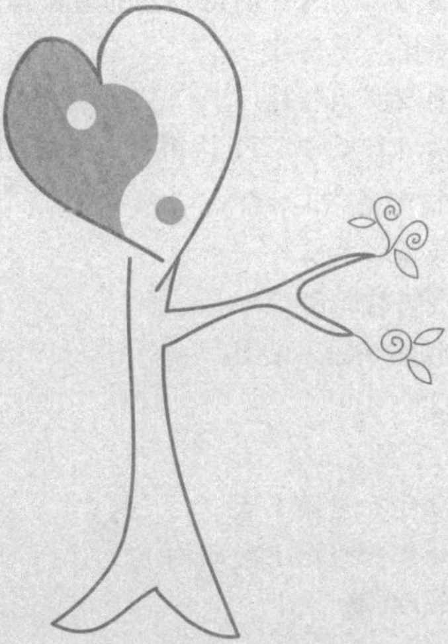

汪君艳 李抟印 著　徐峰漓 图

中国发展出版社

图书在版编目（CIP）数据

零压力每一天：活得轻松的道家智慧/汪君艳，李抟印著．北京：中国发展出版社，2010.6

（中国式人生智慧图解书系）

ISBN 978-7-80234-521-8

Ⅰ.零…　Ⅱ.①汪…　②李…　Ⅲ.道家—通俗读物　Ⅳ.B223-49

中国版本图书馆 CIP 数据核字（2010）第 013860 号

书　　名：零压力每一天：活得轻松的道家智慧
著作责任者：汪君艳　李抟印
出 版 发 行：中国发展出版社
（北京市西城区百万庄大街 16 号 8 层　100037）
标 准 书 号：ISBN 978-7-80234-521-8
经　销　者：各地新华书店
印　刷　者：北京新魏印刷厂
开　　　本：787×980mm　1/16
印　　　张：13.25
字　　　数：140 千字
版　　　次：2010 年 6 月第 1 版
印　　　次：2010 年 6 月第 1 次印刷
印　　　数：1—6000 册
定　　　价：28.00 元

咨 询 电 话：（010）68990642　68990692
购 书 热 线：（010）68990682　68990686
网　　　址：http：//www.develpress.com.cn
电 子 邮 件：fazhanreader@163.com
fazhan02@drc.gov.cn

前言
向道家学习简单生活

都说中国人是最务实、最勤劳的。然而，越是务实和勤劳，生活似乎就变得越复杂。没有比生活在21世纪初的我们更复杂，也没有比我们更悲观的了。工业神话、征服大自然的神话、城市神话及科技的神话，在极尽繁杂之能事之后，都无情地展示了它们虚幻的一面。我们创造的多了，我们消费的多了，但我们付出的也更多了。

道家认为，一个健康健全的人格，并不需要复杂和狂奔。然而今天的我们对复杂和速度却乐此不疲，拼命工作、拼命挣钱，像是要赶在明天之前把所有工作完成，把所有的钱挣完。但是现在，这些都变成了一种疲惫的恐惧，被困在一座无处不在的蛛网中，故乡是一个永远回不去的地方；无孔不入的喧嚣压制了宁静，密密的蛛网遮挡了清风明月。当世界末日来临之前，早已没有一只鸟飞过天空……

然而细细想来，世界绝不会轰然坍塌，而是在人的一生一死，甚至在花的一开一谢中不断地演绎世界末日。所以，并没有什么东西需要我们赶在世界末日前完成。宋代丘处机在一首《落花》诗中说：

昨日花开满树红，今朝花落万枝空。
滋荣实藉三春秀，变化虚随一夜风。
物外光阴元自得，人间生灭有谁穷。
百年大小荣枯事，过眼浑如一梦中。

虽然我们无法活得像风一样轻松，却可以让生活更简单，或者甚至在某些人看来更消极一些。

今天看来，带有一点顺其自然、一点虚无的简单生活，对于已经心身疲惫的我们其实都很环保、很低碳。道家思想就是中国人想出来的最无公害的简单生活思想——热爱自然，友善的生存，保持纯真。

简单的生活，并不意味着简陋，而是一种真正的富足和精致。或者说，它是把物经过心的提纯之后，一种健康和谐、悠闲写意的生活方式。如果有了阳光空气，有了享受食物、音乐、书籍的地方，有了一条能骑自行车的小路，还有什么是必须追求的呢?

或者像苏格拉底所发现的，原来世界上有那么多东西是我根本不需要的。

只有剪除枝叶，才能找到树干；只有降低噪音，才能享受宁静；只有减少承诺，才能更有诚信；只有简化生活，才能享受美好。少比多更丰富，简单比复杂更有力量，其实是道家最根本的思想，也是指引我们回归简单的慢生活的途径。

当然，本书也不是包治百病的良药，它只是一种途径，帮助你给自己的生活设下底线、去粗取精、化繁为简，回归到内心的自由与豁达、温暖与从容。

作　者

2010年4月

目录

引子

清净的处世之道

壹 生与死

死亡并非生命的结束

叁 进与退
藏锋是最好的进取

肆 面与里
让面子和里子能够双赢

伍 圆与缺
把生命的残缺变成圆满

- 老子：最神秘的思想家
- 庄子：风度翩翩的穷哲学家

引子

1 老子：最神秘的思想家

不管你相不相信老子，老子都是个传说。

老子本名李耳，字伯阳，又称老聃，楚国苦县厉乡曲仁里（今安徽涡阳）人。据说，他母亲怀了九九八十一年的身孕，才从腋下将他产出。老子一生下来体弱而头大，眉宽而耳阔，更奇特的是白眉毛白胡子，所以被称为老子。因其双耳长大，就起名为“聃”。

老子生活在春秋时期，是我国最著名的思想家。唐朝的武则天封他为太上老君。他不仅是道家学派的创始人，直到今天也仍然是世界文化名人、世界百位历史名人之一。他曾从楚国跑到周朝的国都洛邑，担任国家图书馆馆长，当时称藏室史。他博学多才，孔子周游列国时向老子问礼，称赞他是“犹龙”（即有道之士）。

到了晚年，老子乘青牛西去，相传在函谷关（位于今河南灵宝）点化了函谷关总兵伊喜，并写成了五千言的《道德经》（又称《道德真经》，或直称《老子》或《老子五千文》）。

老子随后的行踪更为扑朔迷离。

一种说法是，他一路西行至盩厔（今陕西省西安市周至县），觉得这里依山傍水（终南山田峪河）、峰峦起伏，就留了下来，并修了草房子修行说经。后来，这间草房被称为楼观台，历代文人墨客纷纷前来朝拜，留了墨迹碑石三百余座。老子死去不叫去世，而叫“羽化”。他羽化后葬于距此八公里的西楼观，现存老子墓。

另一种说法是，老子并没有去世，而是到了西域，并对西域的胡人实行教化，这就是所谓的“老子化胡”。汉桓帝延熹九年（166年），襄楷所上奏章中有“或言老子入夷狄为浮屠”的说法。浮屠是梵语Buddha的音译，指佛或佛教。《三国志·魏书》载：“浮屠所载，与中国老子经相出入，盖以老子西出关，过西域，至天竺教胡，及浮屠弟子合二十有九。”

西晋道士王浮创作了一本《老子化胡经》，称老子携尹喜西入天竺（指印度），化身为佛陀，立浮屠教。书成之后，在道教引起强烈反响，同时被佛教徒指为伪经，双方争论持续近千年。

尽管行踪成谜，但这并不影响老子在思想史上的地位。

在百家争鸣的春秋战国时代，儒家主张人性为善，仁、义、孝、悌等德行都由善发出；“礼”是社会的秩序、人们行为的规范、性善的体现，因此趋向保守，维持现状，不喜革新。

但老子认为，性善的说法过于武断，仁、义、孝、悌等字眼看起来冠冕堂皇，却是人性的表现；尽管儒家试图以此纠正乱世，却往往适得其反，有些人蒙蔽了本心善性，利用这些名目巧妙地将自己伪装成善人。如果丧失本性，忘了返璞归真，则愈来愈虚伪，肤浅的用所谓的是非善恶去断定是非善恶，世界会趋于混乱。所以，老子要我们弃巧、弃智、无知。

老子深信，宇宙自有一套法则，但他不知道这个法则叫什么，只是将这套法则取名为“道”。他说过“道可道，非常道”，能说出来的，能取名字的，就是有限的，而“道”是一种不能用语言彻底表达的东西。

老子最为有趣也最为颠扑不破的思想，就是认为天地间有一

个“相对原理”，即天地间万事万物，无不相对以生，相对以化，相对以成。所以，永远是正反相乘，利害相当，得失相循，祸福相伏，治乱相倚，存亡相胎。有此必有彼，有彼必有此，没有单独存在的。

因此，凡事行其正必知其反，明其利必察其害，算其得必计其失，民其福必意其祸。善、恶、进、退，治礼存之之道，无不互相为因，同时互相对动而成。千万不要拘泥于事物，被困死在名词的表象无法逃脱。从正面来看，天下无不正；从反面来看，天下无不反。盛极必衰，衰极必盛，剥复否泰，互为之根，亦互为循环。

要理解老子的这个意思，看看刘伯温的《司马季主论卜》会很有用：蓄极则泄，壅极则达，热极则风，壅极则通。一冬一春，靡屈不伸；一起一伏，无复不复。……一昼一夜，华开者谢；一春一秋，物故者新。激湍之下，必有深潭；高丘之下，必有浚谷。

与这一观念相联系，老子认为任何事物几乎没有绝对，更别说界限了。以善恶来说，老子指出“善之与恶相去何若”。善与恶是一对相反的观念，左右我们的思想，无论政治、心理、社会、教育、宗教、哲学，都会谈到这个观念。但善恶是绝对的吗？不是，因为国与国之间、人与人之间都有自己的一套标准，凡对自己有利的是善，对自己不好的就是恶。善恶也会因为任何因素而变，“正复为奇，善复为妖”。

由于善恶没有最高标准，如果缺乏真切的了解，便会流于偏见、迷妄，而陷于痛苦、烦恼。

因此，巧与拙是做人的两个相对的概念，一般人总是希望聪明、机巧，但老子却教人要朴实、厚拙；一般人喜欢刚强、好胜、竞争，但老子教人要柔弱、退让、不争。因为他认为，聪明、机巧、刚强、好胜、竞争只会给人类带来虚伪、巧诈和争斗。

老子要求我们要“处反用反而得正”，要我们守柔、不自见、不自是、不自伐、不自矜。他主张“欲高反下，以洼能盈也；欲成反敝，以敝能新也。守约得博，专一则精，少则得也。务广而荒，多方而亡，多则惑也”。他又指出：大智若愚，大巧若拙，大辩若讷；大进若退；大圣不圣，大德不德，大有不有，大争不争；以其能大，故天下无不容焉！以其能下，故天下无不归焉！以其能屈，故天下莫能与之争焉！此无为之事，不言之教，损心之密，曲全之理，要亦不外因任自然无为之功而以矣！

今天，老子不仅被称为“中国哲学之父”，与儒家和佛家思想一起成为中国传统思想文化的内核，其思想更被认为是与古希腊哲学并列的人类哲学的两大源头之一。在今天的世界上，《道德经》的译本有一千多种，堪称是被翻译语言最多的中国书籍。

据联合国教科文组织统计，在世界文化名著中，译成外国文字出版发行量最大的是《圣经》，其次就是《道德经》。2007年，在已有多种英文译本的情况下，一种新的《道德经》译本的出版权，在美国又为8个出版商所争夺，最后哈泼公司以13万美元的高价买下出版权。

2 庄子：风度翩翩的穷哲学家

《庄子·大宗师》里记载："泉涸，鱼相与处于陆，相呴以湿，相濡以沫，不如相忘于江湖。与其誉尧而非桀也，不如两忘而化其道。"意思是说，泉水干枯了，两条鱼未能及时离开，只好靠吞食对方口里的湿气勉强活着。如果是别人，兴许会感慨一声：多么坚贞伟大的爱。

可有一个人潇洒地挥挥手说，这样寒碜的爱情，我宁可不要。与其这样，不如转身离去，在偌大的江河中彼此忘却吧。在他眼里，如果能在大海里自由地游走，宁愿不曾遇见与他相濡以沫的那个人。

这个人就是在妻子去世时箕踞鼓盆而歌的庄子。他的心和他逍遥的身一样，也是通达宽广的吧。

庄子生活在2300年前，在宋国看守漆园林子。他名叫庄周，字子休。尽管他生活贫穷困顿，却像"愤青"一样鄙弃荣华富贵、权势名利，力图在乱世保持独立的人格，追求逍遥无待的精神自由。

他坚持着贫穷与自由，也许没被同时代的人羡慕，却成了我国著名的思想家、哲学家、文学家，是道家学派的代表人物，老子哲学思想的继承者和发展者，先秦庄子学派的创始人。

在先秦诸子中，绝大多数人的生活水平和物质条件都是不错的，他们的身份是"士"，相当于现在的公务员了。但是庄子对这

庄子的逍遥，
指的是一种
生活的方式和态度，
一种精神状态，
是绝对的自由。

与其死后留下尸骨让人珍藏以显示贵重，
还不如快活地生活在泥巴里摇头摆尾。

一身份嗤之以鼻，所以他是先秦诸子中日子过得比较紧巴的一个。但这个穷日子是他自己选择的，因他游离于体制之外，不想做官。

有一天庄子在钓鱼，因为家里真的是揭不开锅了。这时，来了两个楚国的大夫，请他去当楚国的国相："我们的国君希望把国家大事交给您。"

可是庄子仍然握着渔竿，给他们说了一个故事。

他说，在楚国的田野里有一只乌龟，这个乌龟平时生活艰辛，在污泥浊水里奔波觅食。可是有一天楚王把它请到了宫中，给它吃好的、住好的，到祭祀的时候就把它给杀了，装在精美的盒子里，放在祭坛上。他问两人："如果你是乌龟，你是愿意在楚国的祭坛上呢，还是在水田里待着呢？"

庄周和门人著有《庄子》（被道教奉为《南华经》），是道家经典之一。《汉书·艺文志》著录《庄子》52篇，但留下来的只有33篇。其中，内篇7篇，经过多数学者鉴定是庄子所著；外篇可能掺杂有他的门人和后来道家传人的作品。

庄子的学说涵盖着当时社会生活的方方面面，但根本精神还是归依于老子的哲学。正因如此，后世将他与老子并称为"老庄"，他们的哲学思想体系，被思想界尊为"老庄哲学"。

"逍遥"一词，在《诗经》里面就已经有了，是"散步"的意思。但我们说起逍遥，通常情况下，想到的首先是庄子。庄子的逍遥，指的是一种生活的方式和态度，一种精神状态。所以，用今天的话来解说逍遥游，就是绝对自由。

庄子告诉我们另外一个世界，一个经验以外的世界、知识以外的世界、常识以外的世界。作为一个无与伦比的语言逻辑学家，庄子使用散文的方式，把那些十分抽象和晦涩的哲学问题，表达得机敏有趣和相对通俗。研究中国哲学，不能不读《庄子》；研究中国文学，也不能不读《庄子》，特别是其中的名篇《逍遥游》、《齐物论》、《养生主》等。

对于庄子这个虽然贫穷但依旧逍遥、依旧风度翩翩的老头儿，历朝历代的帝王尤为重视。唐开元二十五年，庄子被赐予了“南华真人”的封号，后人即称之为“南华真人”，《庄子》一书也被称为《南华真经》。

- 生与死：死亡并非生命的结束
- 情与欲：欲望是善仆而非良主
- 进与退：藏锋是最好的进取
- 面与里：让面子和里子能够双赢
- 圆与缺：把生命的残缺变成圆满

清净的处世之道

壹

生与死

死亡并非生命的结束

1 鼓盆而歌看生死

不以生累形，不以死累心。只有悟透死与生之间并无鸿沟，才能获得坦然平和的心境。

生死问题，既无解，又有无数的解。

说它无解，是因为生与死乃自然规律，没有人可以超脱。从某种意义上说，滚滚红尘里，人分三六九，有喜有悲，但生与死对每个人绝对是公平的，它不认你是否高低贵贱，不辨你是否贫穷富贵。古往今来，人们可以用尽手段追求功名利禄，享受荣华富贵，但从来没有人找到超越生死的秘方。

同时，生与死又是一道多解题，不同的人对此有不同的理解，从而有了不同的态度。儒家先哲清楚地认识到人的生死乃不得不然的现象，他们主张对待生死应该超脱一些。儒家的创始人孔子在回答其弟子子路“死事如何”的提问时说：“未知生，焉知死？”强调不要过多追问死后之事，而应该多关心生而不必想到死，求知生而不必求知死。

与儒家相比，道家对生死看得很洒脱、很飘逸，“不以生累形，不以死累心”。

《庄子·至乐》中载有这么一个故事。

惠子（惠施）听说庄子的妻子死了，心里很难过。他和庄子也算是多年的朋友了，于是便急急忙忙向庄家赶去，想对庄子表示一下哀悼之情。可是当他到达庄家的时候，眼前的情景却让他大为惊讶。

只见庄子岔开两腿，像个簸箕似的坐在地上，手里拿着一根木

棍，面前放着一只瓦盆，有节奏地一边敲着瓦盆，一边唱着歌。

惠子先是呆住了，继而渐渐心生不满，最后简直愤愤不平了。他怒气冲冲地走到庄子面前，可庄子略略抬头看了他一眼，依旧敲盆、唱歌。

惠子骂到：“庄周！尊夫人跟你一起生活了这么多年，为你养育子女，操持家务。现在她不幸去世，你不难过、不伤心、不流泪倒也罢了，竟然还要敲着瓦盆唱歌，你不觉得这样太过分吗？！”

庄子缓缓起身。惠子这时也觉得自己刚才一番话有点过火，怎么能说庄子一点也不伤悲呢？可以看出，庄子的脸上笼罩着像薄雾一样的悲切之情，眼圈也红了。惠子暗暗叹了口气：“这个庄周，对什么都是淡淡的，什么情绪都不写在脸上，总让人捉摸不透。”

庄子说：“惠兄，感谢您大老远地跑来吊唁。其实，当妻子刚刚去世的时候，我何尝不难过得流泪！只是细细想来，她最初本是没有生命的；不仅没有生命，而且也没有形体；不仅没有形体，而且也没有气息。在若有若无、恍恍惚惚之间，那最原始的东西经过变化而产生气息，又经过变化而产生形体，又经过变化而产生生命。如今又变化为死，回到了没有生命的境界。这种变化，就像春夏秋冬那样运行不止。现在她静静地安息在天地之间，而我却还要哭哭啼啼，这不是太不通命了吗？所以我不需要哭泣。”

在道家看来，宇宙间的一切皆为“元气”演化而来，“人”作为万物中的一物，当然也不例外。这种叫做“人”的动物，开始也无生命，亦无形体，后来是“元气”的变化逐渐使它有了生命和形体，最后演变为一个活着的人。而“死”是什么呢？它就是这个人又开始往回变化，先没有了生命，又没有了形体，最后复返“元气”。

这样一个过程，就像春夏秋冬的变化一样，是自然而然、无法人为控制的过程。我们既然不会为寒暑的季节更替而惊讶、痛苦和悲泣，当然也就不应该企图去改变自然的这种必然变化，那么，又有什么理由去为生者之“死”而哭呢？庄子的这种思考和行为无疑奉献给世人一种豁达的心胸与深邃的智慧，使人们能够直面亲友的死亡，并以坦然的心态接受严酷的现实。

因此，道家所说的“通乎命”，也就是明白生死之理。

在常人眼中，“生”是活着，有“生”之欲望与追求，有“生”之快乐与享受；“死”是亡故，有“死”之虚无与空灭，有

“死”之痛苦与恐惧。这种对生死之理的体认必然派生出贪生怕死的心理，从而执著于“生”，悲泣于“死”，这是世人对生死普遍的态度。

人们对死亡的恐惧与伤悲，无疑会使人的生活常常处于痛苦之中，因为“死”为每个人或迟或早的必然结局，如朋友之死、亲人之逝及相识者之亡等随时出现。正因为人生有这些无法逃脱的“悲”，所以人无法获得真正的快乐——“至乐”。

人生一世，总会目睹许多死亡事件，所谓物伤其类，即便是看到一些陌生人的死亡也会让人感慨生命之无常。比如，5·12汶川大地震，让全国人民都陷入对数万死者的悲恸和哀悼中；面对亲朋好友的死亡，必然会产生悲泣万分和撕心裂肺的心痛；若是碰到“白发人送黑发人”(年轻的子女早于父母过世)，或是热恋者的生离死别，人们更是痛不欲生，甚至会产生不如一死的想法或行为，如此等等，人生之大苦莫过于此。

在以上情形下，庄子“妻死，鼓盆而歌”的故事有很大的借鉴意义。庄子对于生与死的态度是一种人生智慧，我们也应该从根本上思索一下人是从哪里来的？又会到哪里去？人之生命、形体诞生之前是什么状态？生命、形体消解之后又是什么状态？把人之“生”、“死”视为自然而然的变化和发展，就可以不为“死”而悲伤，不因“死”而累“生”。只有透悟“死”之本质并消解掉巨大的人生痛苦，才能获得坦然平和的心境。

2 骷髅的帝王之乐

骷髅深知活人有多艰苦。人间诸般事务的拖累，即便活着当皇帝也不如死了更幸福。

有一次庄子去楚国，不幸路迷荒野。眼看时近黄昏，发愁无处投宿。正在踌躇，瞥见草丛中有一具人头骷髅，虽然已经朽坏，但棱角仍然分明，骨色也泛白，可知风吹雨打已有多年。庄子跳下马来，用马鞭敲打人头骷髅，咚咚作响，宛如岁月的回声。

庄子问骷髅：“先生，你是贪图感官享受，违背养生常识，一病呜呼的吗？”

又问：“你是惨遭亡国之祸，被敌军抓住后斩首的吗？”

又问：“你是出了丑闻，怕给父母丧德，怕给妻室、儿女丢脸，自杀的吗？”

又问：“你是贫穷，衣食无着，饥寒倒毙的吗？”

最后问：“你是活够了应享的天年，自然死亡的吗？”

庄子一一问过后，燃起一堆篝火，就地露宿。他用人头骷髅作枕，侧卧而眠，意欲听听骷髅的回答。不料因旅途困乏，倒头便沉沉入睡，坠入梦乡了。

半夜，庄子梦见骷髅主人站在面前，衣冠整齐，仪态潇洒，笑嘻嘻地对他说：“听你谈话蛮有口才，像是个读书人。不过你问的那些伤心事，只有你们这些活着的人会记挂在心头。人死了，就什么忧患都没有啦。没有一个死人有兴趣回答活人的问题，恕我不回答你的问题吧。人死后的喜悦，你想听听吗？”

庄子说：“想听。”

骷髅主人说：“人一死，上无君，下无臣，社会平等，没有阶级差别。气候不冷不热，一年不分四季。春耕、夏耘、秋收、冬藏，种种辛苦全都解脱。也不必记住年份时间了，人人玩得痛快，天长地久。那种喜悦，比当国王还快乐！”

庄子心存疑惑，猜测这家伙是在替鬼城打广告呢，便试探说：“先生，我同鬼城司命神有点交情，可以私下求他准你再生，为你免费提供全套骨肉肌肤，安排你返回故乡，发还你的父母、妻室、儿女、邻居、友人，你愿意吗？”

骷髅主人收敛笑容，愁眉深锁，反问庄子：“你要我放弃国王的快乐，回去活受罪吗？”

这个故事排除了人们对死亡的恐惧心理，并提供了一种消解死亡焦虑的方法。

一个人从出生的第一天起（严格来说，从一颗受精卵开始），就是在和死神的搏斗中存活和成长的，但到最后总归还是要死的，肉体长生不老从人类已有的经验和技术来看是不可能的。

一般人怕死，主要原因在于害怕一种不可控制的消失——自己的生命、肉身和思想都会被一种神秘力量夺走，人再也无法拥有自己，当然还包括担心死后生前聚积的财富会化为乌有，生前的各种快乐烟消云散；此外，还恐惧死后的世界难以预料，会不会苦痛无比等。因此，人们只得拼命求生、乐生，惧死、怕死、躲避死。可岁月无情，死神在一天天迫近，于是，从平民百姓到帝王将相，全都无法摆脱对死的恐惧，这极大地影响人生而为人的快乐，对死亡的恐惧也将一直折磨着人的精神与肉体。

这个时候，如果人们理解道家的看法，就应该具备这样的生死智慧：死亡是不可知的，因为人们对任何事物的认知都不过是感官产生的感觉、大脑产生的思维与口中的言说；而人死之后，感官与大脑功能消失，像是被闭锁了一般，产生不了任何感觉、思维与言语，其实死亡这件事情人在死后是无法感知到的。“死”的这种无法体认与言说的本质，正好给人们在生前对死之后的胡乱猜测提供了最广阔的驰骋之地，而人们又习惯将任何想象都视为可能的，可作为实际存在的来接受，这是不是人类自己吓唬自己呢？

当然，人们可以认同佛教中的“六道轮回”，相信人死之后痛苦无比，轮回之中苦难无穷，但亦可听从道家人死之后犹如“南面王乐”的观念而获得消解死亡恐惧的大智慧。庄子与骷髅的对话讲的正是这样一种死后的人比生者更幸福的观念。骷髅曾经是个“生”者，所以深知活着的人既辛苦无比，又没有人身自由，有的还会碰上残酷的战争而丧命；人死之后，则无人间诸般事务的拖累，既从容又安逸，生存于无限之中。所以，在“他”看来，即便是人间至高无上的皇帝，亦比不上死后更幸福。因此，当庄子提出让“司命之神”恢复其生命与形体，让其回到世间与亲人团聚时，骷髅坚决地拒绝了庄子的提议，并说“吾安能弃南面王乐而复为人间之劳乎”！

好一个死为“南面王乐”之说，如果人们相信这个说法，就会获得巨大的心理安慰，尤其是当死神降临的时候，他们可以有平静的心境，甚至达到一种欣喜的精神状态。因为他们知道，从此再也不用操劳各种事务，再也不必处处忙碌，而可以永恒地生存于“无何有之乡”，逍遥于“无为之境”，快乐、安逸、幸福、永恒……

3 自由来，潇洒走

生活就是一面镜子，你笑，它也笑；你哭，它也哭。

宋国的国君要绘制图册。天下画师云集，他们在接受君王揖谢之后纷纷就位，有的在舔笔调墨，有的在闭目构思，还有一大半在室外等候着。这时，最后一位画师到了，只见他不紧不慢地走过来，受过揖谢，就回到客舍去了，并没有急着就位。国君派人去察看，发现他已经脱去上衣，露着上身，盘腿坐着闭目养神。国君得知后说："行啊，这才是真正的画师。"

对待同一个机会，不同的画师有不同的看法和态度。能够得到国君的召唤，这是一种荣誉，也是一种身份的认定，更是获得封赏的机会。大多数画师急不可耐地想表现自己，而最后来的这位画师不屑于这些功名利禄，他自由地来，潇洒地走，反而让国君对他有尊敬欣赏之心。

任何事情都有一正一反，宇宙有天有地，树叶有正有反，事情有好有坏，等等。一个物体、一件事情呈现在我们面前时是好是坏，完全取决于人的心态。

有甲、乙两个秀才同路去赶考，路上遇到了一口棺材。甲说："真倒霉，碰上了棺材，这次考试死定了；"而乙说："棺材，棺材，升官发财，看来我的运气来了，这次一定能考上。"等他们答题的时候，两人的努力和用心程度就不一样了，结果乙考上了。回家以后他们都跟自己的夫人说："那口棺材可真灵啊。"

其实，关棺材什么事？是因为心态不同才有了不同的结果。心

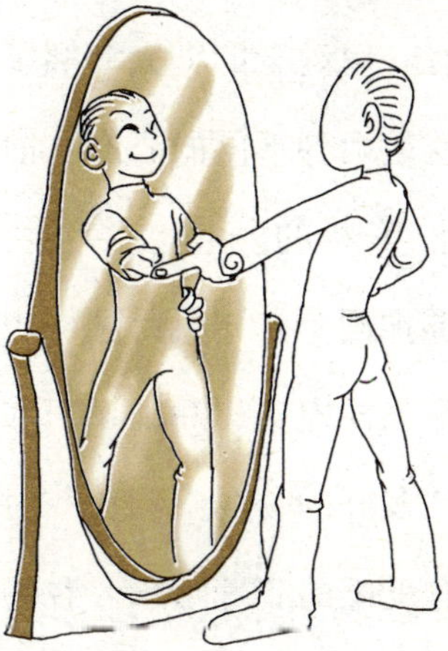

人的一生中会遇到许多问题，
有些问题不是仅凭努力就能解决的。
有些问题已经发生了，
再也无可挽回。
面对这些情况，
有的人倒下去了，
永远也爬不起来；
有的人却能把悲伤的事
转换成快乐的事，
把失败转换成新的起点。

态影响人的能力发挥，能力影响人的命运前途。奥修曾经说：“所有的定义都是同样的虚假或真实，没有什么区别。一个人怎么样定义，取决于他是哪一种人。有太多的定义，而那些定义又变成了那么多的宗教，那么多的哲学体系。现在，它们使得人类的头脑那么混乱，有时候那些保持沉默的人看起来倒是更加慈悲一些。定义已经变成了冲突，一个定义不能允许另一个定义，否则它本身会有矛盾。”

对任何一个人来说，家中被盗绝对是一件不幸的事，但罗斯福却找出了感谢和庆幸的三条理由：“幸亏小偷只偷走了我的财物，没有伤害我的生命；幸亏小偷只偷走了我的部分财物，而不是我的全部；幸亏小偷是他人，而不是我。”所以，如何在不幸的事件中看到有利的一面，在消极的环境中看到积极的因素，在茫茫的黑夜里看到希望的黎明，在凄风苦雨中看到美丽的彩虹，是一种处世哲学，也是生活中的大智慧。

一个漂亮女孩总是为买不到一双最漂亮、最符合她气质的鞋而苦恼。直到有一天，她发现一个双脚残疾但长得和她一样漂亮的女孩在地上吃力地爬行，才发现自己能有一双健全的脚太幸福了。这个女孩前后截然不同的认识，实际上就是两种不同的心态：前一种是悲观的、消极的，后一种则是乐观的、积极的。

下雨时，如果我们正在街上，只要把雨伞打开就是了，犯不着说：“真见鬼，又下雨了！”因为无论怎样抱怨，对雨、云和风都不起作用。如果我们欢欢喜喜地说：“多好的一场雨啊！”对雨、云和风同样不起作用，但它对我们会有良好的心理暗示。我们会微微一笑，觉得生活充满乐趣和希望。这样，因淋雨而感冒的几率也会大大减少吧。

人的一生中会遇到许多问题，有些问题不是仅凭努力就能解决的，而有些问题已经发生了，就再也无可挽回。面对这些情况，有的人倒下了，再也爬不起来；有的人却能把悲伤的事转换成快乐的事，把失败转换成新的起点。正如英国作家萨克雷所说：“生活就是一面镜子，你笑，它也笑；你哭，它也哭。”

如果改变不了事情，就改变对这个事情的态度。态度变了，事情的结果或许就变了，好运就会悄悄来临，心情自然也会快乐起来。

4 人生祸福倚与伏

幸福当中，包藏着祸害的因子。灾难和不幸中，往往蕴酿着下一个幸福的种子。

人生中，有许多的说不定，有太多的未知数。得之不喜，失之不忧的平常心才是安身立命的法宝。

道家对事物往往有更深一层的看法，往往能透过表象而直探其底蕴，提出和一般人完全不同的主张。比如，自然无为，处弱居下，守柔取弱等。这些主张表面上看似乎违反常理，但其背后却有极深的道理。比如，老子吸取世间乐极生悲或喜从悲来的教训，指点我们说："祸兮，福之所倚；福兮，祸之所伏。"

明此理者，处人生顺境时不张扬，在人生逆境时不绝望。

唐代文学家柳宗元是个怪人，他曾经写了一篇幸灾乐祸的文章《贺进士王参元失火书》，后来被吴楚材、吴调侯选入《古文观止》，现在也有许多省份选编进了高中语文课本。这是一篇名文，也是一篇奇文，讲的是朋友家失火遭殃，柳大文豪居然要专门写封书信以示祝贺。文章的精华部分如下：

> 收到杨八的信，知道您遭到了火灾，家里没有一点东西留存下来。我刚听说时吃了一惊，继而是怀疑，最后竟感到非常高兴。本来打算慰问您，可现在却改成祝贺您了。由于路途遥远，书信言辞简略，还未能确切地了解您的具体情况。假若果真是荡然无存，那么，我就要特别祝贺您了。您殷勤地奉养父母，终日安乐，只希望恬静安闲不出事情。如今竟然遇到意外的大火灾，使您震动惊

惧，甚至连普通饭食的供给，也许都已经很困难了。但也有先前的哲人说过：盛衰祸福都是互相依存、来去不定的。一个人将要大有作为之前，都要经过困苦动荡不安的境地，比如水火之灾，小人的怨恨毁谤。在历经了忧劳、辛苦、变乱、动荡之后，我们才能取得显赫的成就，自古如此。虽然这些道理玄远迂阔而又荒诞，即使是圣人也不能认为它是完全正确的东西，所以我随即又产生了怀疑。先生您能读古书，能做文章，又精通文字学、音韵学、训诂学等，如此多才多艺，但做官却不怎么样，没有获得显赫的功名。这可能是因为京城的人都说您是大富豪，那些喜好廉洁名声的士大夫，都顾忌别人误解而不敢赞扬您的才能，只是自己心中明白，藏在心里，却不敢说出来。这实在是因为好事不出门，而世人又多疑忌的缘故。谁要为您说一句好话，那些惯于讥笑别人的人就会认为这个人准是得了您许多好处。我自从贞元十五年（799年）看见您的文章，赞誉之心藏在心里大约六七年了，一直没有说出口。这是我只顾个人清誉却长久地违背了公道，不仅仅是有负于您啊。甚至在我做御史、尚书郎时，自以为有幸做了皇帝身边的大臣，有说话的机会，打算借此向上推荐您，好让您不那么憋屈。然而，当我在同僚中称道您的时候，仍然有相视而暗笑的人。我只能怪自己的修养不能为世人所见，清白的名声不够深入人心，因而遭到世人的疑忌。我经常和孟几道谈到这事，并为此感到痛心。如今有幸受到天火的荡涤，凡是众人所疑惧顾忌的一切，全都成了灰烬。房屋烧焦了，墙壁烧红了，以此显示出您家已是一无所有了。因而您的才能就可以显露出来，而不再受到辱没，这实在是火神对您的帮助啊。这样一来，我和孟几道十年来对您的欣赏和了解，还不如这把火一个晚上给您带来的名声。此后，人们都会谅解您，而且会宣扬您的才能，使那些有话藏在心底的人，都能够毫无顾忌地开口为您说话了；那些主考官，敢于授给您官职而不再害怕了。因此，最终才非常高兴起来。古时候，各国发生灾祸，同等地位的诸侯国都对该国表示慰问。有一次许国没有这样做，君子都憎恶它。现在我所说的这些情况和古代的有些不同，所以把安慰改成了祝贺。

老子说："福祸相倚"，就是告诉我们，在幸福当中，包藏着祸害的因子；而灾难、不顺利的事件中，往往酝酿着下一个幸福的种子。历代高僧常说的"以智慧接受福报，可以再造福；以无明来接受福报，可能会造业"就是这个道理。一把大火烧光了家，对于王参元来说或许是好事，他的人生可能否极泰来。但是，有的人遇到了好事，或者因为得意忘形，乐极生悲，好事变成了坏事，或者是因为好事出现的时间场合不对，好事不好，招惹来了大麻烦。

好事和坏事，灾祸和福报，取决于你用什么样的态度去面对它们。诗人雪莱说："冬天到了，春天还会远吗？"狄更斯在《双城记》里也说："这是最好的时代，也是最坏的时代；这是智慧的岁月，也是愚蠢的岁月；这是信实的纪元，也是怀疑的纪元；这是光明的季节，也是黑暗的季节；这是充满希望的春日，也是笼罩绝望的冬天；我们拥有一切，迈向天堂；我们一无所有，步入地狱。"不仅每件事都有两面，就连我们的时代，也是好坏并存的。

5 权衡财富与生命

不怕挣得少，就怕没命花。财富没有生命重要，该取舍的时候一定要先权衡。

道家的智慧，对于金钱欲望比较强的人最有用。之所以这样说，是因为不贪财的人很容易就可以修身齐家，投入到儒家门下，或者出家做和尚或尼姑。人为财死，鸟为食亡，似乎已成了许多人的人生法则。但是，很少有人想过，人死了财有何用的问题。

道家主张“身重于物”，要摆正“名”(功名、权位)、“利”(金钱、货财)与“身”(生命)之间的关系。可以说，只有摆正这三者的关系，清醒地认识到“名缰利锁”对生命的危害，树立“身重于物”的生命理念，才能做到“潇洒走一回”。老子指出：“名与身孰亲？身与货孰多？得与亡孰病？是故，甚爱必大费，多藏必厚亡。”

战国时期的范蠡，被大学者陈鼓应认为是“由黄老过渡到战国黄老之学的关键人物”，亦即是“黄老之学的先驱者”。他帮助越王勾践灭掉吴国后，飘海离去，从此再也没有回到越国。到达齐国后，他自称鸱夷子皮，在海边做生意。没多久，积聚的财产达到几千万。齐国人听说他贤能，便请他做丞相。范蠡叹息说：“当百姓积聚千金，当官做到丞相，这是普通老百姓能达到的顶峰了。长久享受尊名，不吉祥。”

于是，他散发了全部的财产，秘密到陶地定居，自称范蠡。没过多久，积聚的财产又达到万万。

范蠡在陶地时，他的二儿子在楚国因杀人之罪被捕。于是，

他准备派小儿子去探望二儿子，并打点好一千镒金，装在褐色器具中，用一辆牛车载运。他的大儿子却认为父亲不派他去而派弟弟去楚国，是对他的轻视，闹着要自杀。

他的母亲说："现在派小儿子去，未必能救二儿子的命，却先没了大儿子，怎么办呀？"

范蠡不得已，就换了长子去楚国找旧日的好友庄生。

范蠡的长子到了楚国，见庄生家靠近楚都外城，披开野草才能到达家门，住房条件很不好，心里先有了几分轻视。但他还是遵照父亲的嘱咐，向庄生进献了千金。庄生说："你赶快离开这里，不要留在此地！你弟弟释放后，也不要问原因。"

但长子辞别庄生后，却留在了楚国，并把一些携带的黄金送给了楚国的达官贵人。

庄生送走范蠡的长子，乘便进宫会见楚王说：“某星宿移到某处，这将对楚国有危害。”

楚王素来信任庄生，于是急切地问庄生：“那现在怎么办呢？”

庄生说：“只有大力施行仁政才可以免除灾害。”

楚王心领神会，马上派使者查封了储藏三钱的仓库。楚国的达官贵人告诉范蠡的长子：“楚王将要实行大赦。”

长子问何以见得，他们说：“每当楚王大赦的时候，就先派人查封储藏三钱的仓库，昨晚楚王已经派使者查封了。”

范蠡的长子听完很高兴，开始心疼送给庄生的黄金。于是，他又去见庄生：“对不起，我始终没有离开楚国。当初我为弟弟一事来，今天楚国正商议大赦，弟弟自然得到释放，所以我特来向您告辞。”

庄生微然一笑说：“你的黄金我还没有拆封，你自己到房间里去取吧。”

长子于是进屋拿上黄金后离开了，暗自庆幸黄金失而复得。庄生于是又时宫会见楚王，说：“我上次说的是某星宿的事，您想用施仁政来化解。可是现在，舆论传说陶地朱公的儿子杀了人后被囚禁在楚国，他家人拿出很多钱财贿赂大王左右的人，大王不是体恤楚国人而实行大赦，而是因为朱公的儿子才大赦的。”

楚王大怒，下令先杀掉了范蠡的儿子再公布大赦的诏令。最后，范蠡的长子只好带着弟弟的尸体回家了。

回家后，母亲和乡邻们都十分悲痛。范蠡笑着说："我本来就知道长子救不了弟弟。他不是不爱自己的弟弟，只是不忍心把该放弃的放弃了。他年幼的时候就跟着我过苦日子，知道为生的艰难，所以把钱财看得很重，不敢轻易花钱。至于小儿子呢，他一生下来就看到我十分富有，常常乘坐上等马车，驱驾千里马到郊外去打猎，哪里知道钱财从何处来，所以把钱财看得极轻，弃之也毫不吝惜。原来我打算让小儿子去，是因为他舍得弃财。可是大儿子不能弃财，所以终于害了自己的弟弟。这很合乎事理，不值得悲痛。我本就没有指望二儿子会活着回来，只是盼着能把他的尸首要回来安葬啊。"

中国民间有句俗话："有命挣钱，也得有命花钱。"说明财富没有生命重要。

作为正常人，宁可抛却所有财富，也要留下一条命。但就是有人不明白这个道理。有一个笑话说，某律师开着一辆新买的奔驰车上班，准备向同事炫耀，下车时一辆卡车擦身而过，撞掉了他的车门，律师拿起电话就报了警，警察来后，律师大声吼道："我昨天才新买的车，这一下就全让该死的卡车毁了！"

警察诧异地看着律师只剩下半截的胳膊说："你没有注意到你的胳膊吗？"

律师低头一看，不禁发出一声凄惨哀号："完了，我的劳力士怎么也不见了！？"

名声、财富确实很重要，但是人更要懂得爱惜身体、重视生命，不要本末倒置。名利只是身外之物，若得到名利而失去生命，不是得不偿失吗？可是芸芸众生往往不能了悟这个道理，贪财的人殉财，慕名的人殉名，唯有知止、知足的人，才可以长生而久安。

6 黄金不重相位轻

隐退并非隐匿形迹，而是指敛藏、不发露、不据有，不自我膨胀。

一个夏天的傍晚，一位美丽的少妇投河自尽，被正在河中划船的艄公救起。艄公问：“你年纪轻轻，为何寻短见？”

少妇说：“我结婚才两年,丈夫就遗弃了我，接着孩子又病死了。您说我活着还有什么意思？”

艄公听了沉吟片刻说：“两年前，你是怎样过日子的？”少妇说：“那时我自由自在，无忧无虑呀。”

艄公问：“那时你有丈夫和孩子吗？”

“没有，”少妇回答说。

艄公笑了笑，说：“那么你不过是被命运之船送回到两年前，现在你又自由自在、无忧无虑了。请上岸去吧。”

听了艄公的话，少妇恍如作了一个梦，她揉了揉眼睛，想了想，便离岸走了，从此，她再没有寻短见。

少妇之所以投河，是因为她放弃不了已有的家庭和快乐，后在艄公的劝说下，她接受了现实，从心理上接受了对已有幸福的失去。少妇回心转意，是因为她从另一个角度看自己，从而看到一种生的曙光。

在生活中，我们要懂得放弃、学着放弃、学会放弃。为了成就自己的理想，就要学会放弃个人恩怨；为了得到属于自己的丰硕果实，就要学会放弃正在盛开着的美丽花朵；为了拥有苗条的身材，就要学会放弃可口的甜食和一些山珍海味；为了当好卧底，就要在

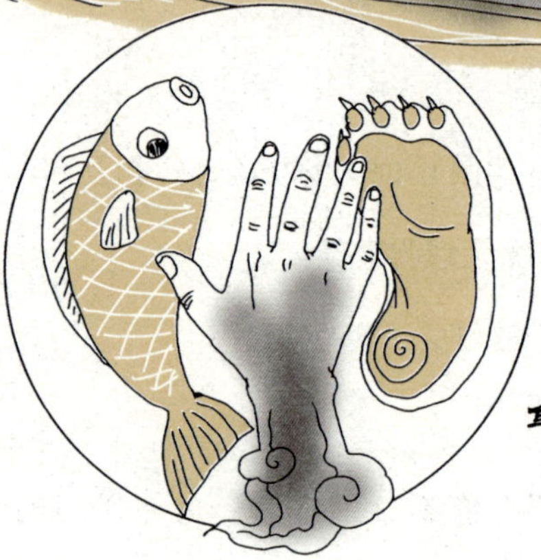

鱼和熊掌不能兼得

被人用蔑视的目光和肮脏的话语来攻击你时学会放弃尊严。如果什么都想占有，只取不舍，可能到头来是什么都得不到。

当楚国的国王要聘请庄子去做宰相的时候，庄子笑着对使者说：“千两黄金够贵重的了，卿相的位置够高的了。可是难道它真的那么值得追求吗？你看那些选来作祭品的牛，先要好好地喂几年，到了祭祀的时候还要给它穿上锦绣绸缎。可是当它被宰杀之时，它想做没有母亲的孤牛都办不到啊！有什么值得羡慕的呢？”

在庄子看来，人们求之不得的高官厚禄一文不值。他的旧友惠子当了梁国的卿相，庄子去见他，有人便对惠子说：“庄子这次来，是要抢你的相位啊！”惠子吓得不得了，赶快派人在国中搜寻庄子，搜了三天三夜。

后来庄子见到他，对他说：“你知道南方有种叫鹓鶵的鸟吗？它从南海飞往北海，不是梧桐树决不在上面停歇，不是练食决不吃，不是醴泉决不喝。有只猫头鹰抓住了一只死耗子，刚好看见它从天上飞过，以为要来抢这只死耗子，便对鹓鶵仰头‘吓’了一声。现在你也要拿梁这个死耗子‘吓’我吗？”

当然，道家所主张的“功遂，身退”被不少人解释为：人在成功之后，要急流勇退，要退身隐居。甚至认为，范蠡、张良等“功成”后隐居的人物，是典型的道家人物。这样，认为道家主张消极避世，似乎也就顺理成章了。实际上，在道家那里，“身退”并非引身而去，更不是隐匿形迹，而是指敛藏、不表露，也就是指人在完成功业后不把持、不据有、不露锋芒、不咄咄逼人，不要自我膨胀，更不要穷奢极欲。

一个人不可能同时拥有所有美好的事物：金钱、荣誉、地位、美貌、健康、幸福，这时，我们就要学会取舍和放弃。虽然放弃看上去是懦弱、胆怯的一种表现，是不负责任和没有进取精神的一种体现，是一种消极心理。但任何事物都有两面性，放弃也不例外，它还有另一种目的，那就是为了得到更多、更好的回报。这是另一种积极态度，是一种明智的选择。老子在很早以前就说过“揣而锐之，不可常保”，也就是说，挫磨得很锐利的东西，不可能长久地保持它的锋利。

舍弃是大自然的一种法则，也是世间万物的生存方式。号称“飞禽之王”的欧洲金雕，一窝只生两只幼鸟，但有时仍因食物不足“手足相残”——强壮的一只把弱小的一只挤出巢穴摔死崖下，金雕妈妈别无选择，只有容忍这种残酷“舍弃”的现实。东北狼一旦被猎人的铁夹夹住，便会自己咬断被夹的那条腿逃生，凭着这种痛苦而果断的“舍弃”，保存了生命……动物界如此，人类社会也应该如此。

现代社会充满了诱惑，什么都要选择，有选择就必然会有所舍弃，可谓鱼和熊掌不能兼得，什么都不愿意舍弃的人到最后必然是竹篮打水一场空。所以，舍弃是一种勇气，也是一门智慧。

7 是什么让人疯狂

欲望是个好仆人却是个坏主人，一受到刺激就蠢蠢欲动，一定要学会节制它。

老子说："五色令人目盲，五音令人耳聋，五味令人口爽；驰骋田猎令人发狂；难得之货，令人行妨。"意思是说，世间总是色彩缤纷的，但如果你一味地追求多彩，那色彩必然会使你眼花缭乱；好听的音调，固然会让人心情舒畅，但如果什么音调都同时涌入你的耳朵，就有可能让你的听觉失灵；丰盛的美食固然可口，但如果天天吃，一定会使你的舌头尝不出味道来；放马纵横、尽情狩猎，似乎很惬意，但那血腥的射杀又会使人的心情放荡与发狂；稀有时尚的物品，确实会让人赏心悦目，但你总想得到它时，也可能会导致你的行为不轨。

因此，有德的圣人，从来都不会索取这些浮华的外表之"彼"，而是取之"知足常乐"的内在之"此"。

老子说："常无欲，以观其妙；常有欲，以观其徼。此两者同出而异名。"显然，老子没有把"欲"推向"道"的反面，而是"同出异名"、"玄之又玄"，从中说明了"欲"与"道"同体，道能成就金刚，欲亦然。

陈继儒在《小窗幽记》中说："花繁柳密处拨得开，才是手段；风狂雨急时立得定，方见脚跟。淡泊之守，须从秾艳场中试来；镇定之操，还向纷纭境上勘过。"这是对老子欲望观的最好阐述——欲海行方舟。

然而，如果本来属于人的正常欲求的"五色"、"五音"、

"五味"、"驰骋田猎"和"难得之货"，在欲望驱使下成了戕害"目"、"耳"、"口"、"心"、"行"的祸害，那么纷纷扰扰的现象世界就会成为自由和天性的障碍。

美国斯坦福大学曾经做过一个实验：在四五岁的小孩们面前摆一块糖果，表示可以立即拿起来吃，但仅此一块；也可以选择去做完一件事，回来时即可享受两块糖。

结果发现，有的小孩立即吃掉了糖，有的选择了第二种方式。研究者记录下了每个小孩不同的表现，十年后再为他们做学术性的测验，结果得分上出现了很大的差距。当年着重于立即满足的小孩，比愿意割舍眼前的欲望的小孩，无论在学习上还是在发展上的成绩都少100~200分。

这个实验充分显现了“想要”对人的负面影响，也就是老子所说的“五色令人目盲，五音令人耳聋，五味令人口爽；驰骋田猎，令人发狂；难得之货，令人行妨”。

欲望是无边无际的，它常常一受到刺激就蠢蠢欲动、跃跃欲试。

老子提醒人们，要摒弃外界物欲的诱惑，保持内心的安足清静，确保固有的天性；人生在世要注重的是自己内心世界的升华，而不是对身外之物的占有和享受。老子的这番话真可谓是用心良苦，但世间人又有几人能做到真正的淡然呢？老子让人们远离“五色”、“五音”、“五味”、“畋猎”、“珍宝”，这些原本美好的东西为什么要远离呢？关键是一个“度”字。

其实，一个人的基本生活只需要很少的物质就可以满足，我们很多的需要并不是生命中真正需要的，只是我们为满足攀比之心而产生的需要，或者说，是社会和广告使我们产生的需要。社会要求你有舒适的住宅，要求你有符合身份的服饰，要求你一掷千金。今天的人活得很累，是因为我们还有面子和虚荣需要去照顾，我们已经在这个物欲横流的社会中迷失了方向。物质过剩的今天，我们并没有因为生产力的高度发展而获得轻松，相反，我们比以往活得更累。当我们面对一桌丰盛菜肴的时候，我们的味觉已完全被它们所麻醉；当我们面对闪烁的霓虹灯时，我们的视觉已完全被它们弄得迷离不堪……我们用了大量的时间和精力来挣钱，结果，只是享受了一些我们本可以不需要的东西。

因此，人们要懂得节制，学会放弃。

放弃是一种境界。一个人纠结于眼前的享受和利益，就没有远大的理想和奋斗目标，就容易浑浑噩噩、目光短浅，把自己局限在狭小的范围中，看不到远处的风景。《易经》中一有句话说得好："安其心而后动，易其心而后语，定其交而后求。"

面对大千世界的各种诱惑，舍得放弃，也不失为一种智慧。该放弃的时候放弃，是一个人精神内涵的自然流露，也是一种人生智慧。面对纷繁复杂的人生，应做到"知其可为而为之，知其不可而弃之"，把有限的时间和精力投入到构建和谐社会的伟大事业中去，让生命焕发出多姿多彩的绚丽。

8 奉献的人最富有

如果想交朋友，就要先为人做事——那些需要花时间、体力、体贴、奉献才能做到的事。

老子说：“既以为人，己愈有；既以与人，己愈多。”意思是说，圣人是不存占有之心的，而是尽力为他人，这样他自己也更为充足；尽力给予别人，自己因而更富有。所以说，帮助别人的同时，也是在成就自己。

据说天堂与地狱里人们的生活是不同的。地狱里的人们围着大锅吃饭，每个人都手执长勺为自己取汤。因为勺柄太长，每个人都无法将舀到的汤汁送入自己嘴里。因此，地狱里怨声一片，吃不饱肚子的人们沮丧极了。而在天堂里，还是一样的大锅，还是一样的长勺，人们却舀着鲜美的汤汁送到对方嘴里。因此，每个人都吃得很饱，天堂里笑声朗朗、其乐融融。

也许，天堂与地狱之间的距离并没有想象中那么遥远。作为社会的一分子，我们都在有意无意地为他人的生活点缀一抹亮色，同时，他人也在装饰着我们的人生，缺少了其中任何一方，人们都难以体会到生存的快乐和温暖。

在社会生活中，以自己所有济人所无，是风尚，是襟怀，想这样做的人也许很多，但真正能够这样无私地分给别人的却不多。因此，帮助别人，给予别人，自己的精神将显得更加充实，人生则更显光彩。这就是老子“既以为人，己愈有，既以与人，己愈多”的道理所在。

奉献就是无私地为别人。鲁迅先生一生“俯首甘为孺子牛”，

天堂

地狱

把毕生的精力和智慧都用在了开启民智和反抗各种社会压迫上，他不息劳累，不怕白色恐怖，也得不到安定、富裕的生活，但我们称他是“民族的脊梁”。那些最具奉献精神的事物，比如蜡烛和春蚕，都是用小小的自己换来了别人的幸福：蜡烛燃烧了自己，却拥有了黑夜中可贵的光明；春蚕到死丝方尽，却换来温暖人间的布匹绸缎。

我们需要奉献，并不是说一定要像春蚕和蜡烛那样舍身为人。卡耐基曾说：“如果我们想交朋友，就要先为别人做些事——那些需要花时间、体力、体贴、奉献才能做到的事。”

9 安时而处的智慧

能顺应自然规则的人，悲伤和快乐都不会扰乱他的内心。

庄子在《田子方》篇中说自己很欣赏百里奚，因为他不把爵禄放在心上，所以养牛就把牛养得肥壮，使秦穆公不介意他的地位卑下，把国事交给了他。百里奚能够随处而安，不管环境如何变化，都能不以物喜、不以己悲，做好能做的事。这种随遇而安的心境，需要的是能够从不同的角度、不同的方面看待问题。

生活中的酸、甜、苦、辣，可以说是人生不可缺少的调味剂，正因为这样，人生才多姿多彩。现实往往与人们所追求的理想相去甚远，可是，人们依然需要在现实环境中学会变通。成功人士善于观察，能以另一种角度去对待问题，使许多看来很棘手的事会迎刃而解。

顺应环境，才能游刃有余。早在2000年前，富有洞察力的庄子就讲道："安时而处，哀乐不能入也。"意思是说，能顺应自然规则、与时俱进的人，悲伤和快乐都不会占据他的内心。在顺应时局变化中，需要人适时的调整自我，提高自身的适应能力。

道家的思想基础是"道"，但这个"道"不是指宇宙的本源，而是指客观规律。老子说："人法地，地法天，天法道，道法自然。"即人要效法大地；大地要效法于天；天要效法道，以道为其运行的依归；而道以自然为归，道的本性就是自然。

在这里，"自然"不是大自然的自然，更不是自然科学的自然，而是指一种本应有的状态。具体来说，自是指自在本身，指当

然如此，自然就是自然而然。所以，“道法自然”说的是道的本质——客观规律。“人法地，地法天，天法道，道法自然”，最根本的是要“人法自然”，也就是一切顺其自然，一切按客观规律办事。

这就要求我们，当客观规律无法改变时，自己需要学会变通，这样才能有很多意想不到的收获。许多事情我们无法改变，但我们可以改变自己的心情，改变自己对事物的态度。

人生是一次艰辛的旅程。对孩子说，人生无忧无虑，处处充满着幸福，这是在讲童话；对青年说：人生无悲无戚，处处充满了欢乐，这是在讲笑话；对老年人说：人生无苦无怨，处处充满了欣慰，这是在讲神话。哲人曾说，懂得了人生的坎坷，战胜了困难，才能换来欣慰、欢乐、幸福。“不以物喜，不以己悲”，需要的就是在历经风霜后的泰然处之。

蝴蝶要经历破茧而出的痛苦才能得到令人羡慕的美丽，绚丽的彩虹总是出现在风雨后，人要直视苦难才能体会生命的美好。生活中固然有许多无可奈何，但也有很多出人意料的精彩，给自己一个机会，试着对生活充满信心，生活会给你同等的回报。

有人说，人生最容易与最困难的事情就是顺其自然，顺境的时候不得意忘形、不知满足，逆境的时候不自暴自弃、怨天尤人。也许，这种思想被奥修解释得更清晰：你从一个片刻生活到下一个片刻，从一个片刻行动到下一个片刻，每一个片刻本身都是完整的。你不决定如何行动，那个片刻一来到，你就行动。没有预先的决定，也没有预先的计划。

贰

情与欲

欲望是善仆而非良主

1 祸莫大于不知足

人们应该追求正当的物质利益，但不应该没限度、无节制，要做到“欲而不贪”。

老子说：“祸莫大于不知足，咎莫大于欲得。”意思是指人世间最大的祸害，都是由于人的不知足引起的。其实，老子所说的道理并不难理解，所谓欲壑难填，人的欲望之谷永远无法填平。

欲望是什么呢？要做出一个人人都接受的定义可能不容易。但如果说欲望就是想得到什么，可能大家都不会反对。正是在这个意义上，欲望、期望、理想等都有相近或相似的内涵，不同的是究竟想得到什么和在什么样的环境下得到。

不同的起点，有不同的愿景。农民希望风调雨顺，庄稼有个好收成，驯养的牲畜不生病，能卖个好价钱，用秋天的收获给儿子娶媳妇；工人期盼没有下岗的威胁，月月都能拿着双手挣的钱回家供孩子上学读书；商人日夜思虑的是生意如何兴隆，日进斗金……

其实，真正的欲望正如孟子所说的：“饮食男女，人之大欲存焉；死亡贫苦，人之大恶存焉。故，欲恶者心之大端也。”食欲和性欲，是人的大欲之所在；死亡和贫苦，则是人的大恶之所在。

世人都在下大力气解决饮食之欲，贫穷之恶，如果这种力气用得其所，就会创造奇迹。没有欲望，社会也就不会前进。人类社会的文明就是在人们的期望中不断推进的，欲望促使人类不断地为自己的梦想而努力，激发人类的发明欲和创造欲，促进生活向更新、更好、更文明的方向发展。好的、积极的愿望是推动社会不断进步的动力。

欲望具有两重性，有良莠之分、正邪之别。如求知欲、成才欲、事业欲则当提倡，权力欲、金钱欲、美色欲，即贪欲就应抑

制。这是因为贪欲是情绪化的产物，是无止境的。如不抑制，任其肆意放纵，就会得陇望蜀、欲壑难填，即古人讲的“一念之欲不制，而祸流于滔天”。

柳宗元是唐代有名的文学家，他写过一篇寓言，名叫《蝜蝂传》。蝜蝂是一种很喜欢背东西的小虫，它在路上爬行时，无论遇到什么，总要设法抓起来背在身上。蝜蝂走得越远，就背得越重，不管压得多么难受，不管自己能不能承受，总是不停地朝背上加东西。

终于，蝜蝂背上的东西越积越多，压得它爬不动了。人们见蝜蜥这个样子，很可怜它，就把它背上的东西拿掉。但是，蝜蝂爬起来以后，又去找东西背，而且它喜欢背着重物往高处爬，即使用尽了力气也不肯停下来，以致累死或摔死在路上。

试想想，在我们的身边，人类版的蝜蝂是随处可见的。

尽管社会的物质财富已很丰富，尽管人们的生活水平日益提高，但人们还是感到不满足，还是感到困惑和迷茫、焦躁和烦闷、压抑和忧虑、孤独和自卑。这是为什么呢？就是贪欲所致。

在对待物质利益上，儒家不否定人都有欲望，肯定人们对物质利益的正当追求。

但是，这种追求不是无限度、无节制的，而是要符合道德原则，要做到“欲而不贪”。这正像孔子所说，“富与贵，是人之所欲也，不以其道得之，不处也；贫与贱，是人之所恶也，不以其道得之，不去也”、“不义而富且贵，于我如浮云”、“君子义以为上”、“君子爱财，取之有道”。孔子还说：“君子有三戒：少之时，血气未定，戒之在色；及其壮也，血气方刚，戒之在斗；及其老也，血气既衰，戒之在得。”

一个人如果被欲望支配，成为欲望的奴隶，色迷心窍，物欲横流，便会滋生出邪思妄念，十有八九要走上邪路。各种因贪色败名丧身的事实佐证了几千年前老子所说的“甚爱，必大费”，即一个人如果过分的贪爱某种事物，甚至成为一种嗜好，就要付出沉重的代价。

然而，到底怎样才算是得其所处呢？

齐桓公问管仲：“财富有无界限？”

管仲回答说：“水的界限在没有水的地方，而财富的界限则在于满足处。但人往往不知足，终而惹来杀身之祸。或许这也是一道界限吧！”

2 色字头上一把刀

人们往往只顾享受财货美色带来的美妙感觉，却忘了这背后的陷阱和失落。

一次，庄周在雕陵栗园里游玩时，看见从南面飞来一只怪鹊，翅膀有七尺宽，眼睛直径有一寸长，碰到庄周的额头后便飞落在栗林中的树上。庄周说："这是什么鸟啊，翅膀肥大却不能远飞，眼睛圆大却还要撞到人？"

他提起衣裳，快步走过去，拿出弹弓来窥伺它。这时，他看见一只蝉正用一片枯叶蔽荫自己的身体；而此时有只螳螂也用树叶隐蔽了自己，它一下子捉住了蝉。螳螂因获得猎物得意忘形，暴露了自己；那只怪鹊紧跟过去，又快又准地抓住了螳螂。

螳螂和蝉分别盯着猎物，却忘了自己可能身处危险之中。庄周惊惧地说："唉！物类本来互相累害，这是由于彼此互相招引贪图所致啊！"

《庄子·山木》中的这则寓言是告诫那些财迷心窍、见色忘危的人，必将自遭祸患，轻则逮进樊笼，重则吃颗弹丸。这种人应该幡然悔悟！

在人世间，许多人被物欲、色欲勾引，一心只想到财货美色给自己带来的感官愉悦，却忘记了这些财货美色背后的陷阱和危险。

在古希腊神话中，传说波斯湾的一个海岛上有一群女海妖，她们有着迷人的歌喉。当船员经过时，她们就会展示自己的歌喉和美丽的身材，美妙的歌声使船员着迷，他们很快忘掉了所有的一切。船员们不由自主地驻足听她们唱歌，从此沉溺在她们的歌声中，一

天天地萎靡下去，迷醉而死。

食色，性也。男女相吸相恋，本是自然规律，既正常又必须，但是，君子好色不淫。美女当前，能坐怀不乱非一般人所能做得到，大多数人肯定是不坐怀都乱，坐怀就更乱了。人与人之间的区别不在于乱与不乱，而在于怎么个乱法。

第一种是心不乱，身也不乱，但没有资本行乱。天下没有白吃的午餐，美色更是一项奢侈消费，不是每个已婚男人都有足够的资本和魅力让其他女子甘心情愿做第三者的，许多男人即便垂涎欲滴，也只能“高山仰止，心向往之”。所谓老实男人多属于此。

第二种是心乱而身不乱。那些有资本、有能力的男人一想到贪恋美色的严重后果——后院起火，家破人亡，丢官去职，前程尽失，臭名昭著……害怕“色”的机会成本太大，虽然心里痒痒，但还是决定敬而远之。所谓理智男人多属于此。

第三种是心乱，身也乱。这种人最多，上自达官显贵，下到草民众生，都可能陷入色的乱阵中不能自拔。“色”最喜欢听钱的叮当声，有的人一朝致富，口袋里的钱多了，不知不觉就进入了色的八卦阵。

三国时的曹操是个人才，但其色心也很重。在攻打张绣的时候，双方都各有胜负，最后张绣由于兵力不足而被迫投降曹操。曹操以为自己很成功，得意忘形，于是开怀痛饮，酒上心头的时候问左右城内有没有漂亮的女人，有人说城中张济的妻子（张绣的婶婶）极有美色。

曹操命人把张济之妻抢夺过来，这件事让张绣很没面子，他大发雷霆。在谋士贾诩的策划下，张绣在一个月黑风高夜晚率部突然反叛，一直杀入曹操大营。

幸好典韦死守住寨门，曹操侥幸逃脱，但曹操损失了儿子曹昂、侄儿曹安民和心爱的大将典韦。

在现实生活中，面对美色，一些人就如同古希腊传说中的那些水手，在欲望中欲罢不能，不断地堕落，从此坠进万劫不复的深渊。

3 香饵之下有死鱼

甚爱必大费，多藏必厚亡。爱得越深，受伤越大；资产越多，损失越大。

唐人李群玉在《放鱼》中说：“须知香饵下，触口是铦钩。”作者为鱼儿担心，提醒鱼儿小心香饵下的利钩，企盼鱼儿莫要江湖漫游，早日寻找好适合栖身的地方。古往今来，权力、金钱、美色这三个“原香饵”衍生出来的令人眼花缭乱的“诱惑场”，已经放倒了一大批贪官污吏，且至今不乏来者，大大小小的“人鱼儿”不时成为香铒包裹下那弯利钩的俘虏。

“香饵之下必有死鱼”。老子对此早已看得清清楚楚，他语重心长地提醒人们：“甚爱必大费，多藏必厚亡。”意思是说，过分爱名利必定要付出更多的代价，过于积敛财富必定会招致更为惨重的损失。

13世纪波斯著名诗人萨迪说：“世人往往如此，当他们不懂得生活价值的时候，就会羡慕虚荣的显赫、浮世的荣华和纵情的逸乐，最终便是跌在蜜里的苍蝇，永难自拔。”

唐朝时，宿州太守陈璠因贪赃枉法被处以极刑时，便题写了这样一首诗：

积玉堆金官又崇，祸来倏忽变成空。

五年荣贵今何在？不异南柯一梦中。

有的人投资事业，有的人购买豪宅、名车，只要是用正当收入，都是无可厚非的。但是，有的人专用一些旁门左道的伎俩，罔顾法纪，大赚不义之财，虽然他很容易累积财产，可是法网恢恢，

香饵之下必有死鱼

人生大智慧，全在一个“大”字，一个“小”字。
所谓“大”，就是说，凡事要从大事着眼，长远着想。
所谓“小”，就是说，凡事不要被眼前的既得利益、小恩小惠所蒙蔽。

迟早必遭牢狱之灾。又如一些爱名贪利之人，他们拼命地争利，甚至牺牲生命亦所不惜，最后也都会应验“多藏必厚亡”的结局。所以，老子教人适可而止，这样就不会遭到“多藏必厚亡”的下场。

人在追求情欲上，在追求物质利益上，都要掌握中和适度的原则，要保持平衡谦和的心态，不能把物质利益作为人生的全部追求，更不能见利忘义、损人利己。如果把物质利益作为人生的全部追求，就会像孟子所说的那样，“宝珠玉者，殃必及身”，“饱食，暖衣，逸居而无教，则近于禽兽”。

现代社会中，生活在红尘世间的我们总有太多的欲求，得陇望蜀，欲壑难填。老子告诉我们，面对各种外在的诱惑，要保持平和恬淡的心态——“不以物喜，不以己悲”，“宠辱不惊，闲看庭前花开花落；去留无意，漫观天外云卷云舒”。这是一种大智慧、高境界，得之不喜、失之不忧、宠辱不惊、去留无意，这样才可能心境平和、淡泊自然。

如果说儒家侧重于处理人与人之间的关系，佛家侧重于处理人与自我的关系，那么道家则是侧重于处理人与自然的关系。后世一直就有“以佛修心，以道养身，以儒治世”的说法以及“不知《春秋》，不能涉世；不精《老》、《庄》，不能忘世；不参禅，不能出世”的说法。儒、释、道三家在对待人生问题上虽有差异，但又各具特色。正如雍正皇帝所说：“三教虽各具治心、治身、治世之道。然各有所专，及各有所长，各有不及处。……实缺一不可者。”

传统文化给我们提供的正是这样一种人生大智慧，从自我修炼和道德完善做起，其宗旨都是解决人的安身立命问题。

人生大智慧，全在一个大字，一个小字，所谓“大”，就是说，凡事要从大事着眼，长远着想，就是毛泽东评价叶剑英时说的“吕端大事不糊涂”；所谓“小”，就是说，凡事不要被眼前的既得利益、小恩小惠所蒙蔽。

4 知足的人最富有

知足，不仅指面对钞票时不乱伸手，更是指把日子过得淡泊快乐的心态。

老子在《道德经》第三十三章里说："知足者富。"意思是说，知道满足的人是富有的。反过来说，不知道满足的人就会觉得自己一直贫穷。富字，本意是指人有宽屋大宅，有吃有喝，尤其是宝盖头下面的"畐"字，字形就像一个人的福肚。那么，"富"和"穷"是怎么与人的知足和不知足联系在一起的呢？

"知足而不贪，知节而不淫"，只有对自己的物质待遇感到"知足"的人，才能恪守自己的良知，永葆自己的情操，不贪不占，不去寻求不义之财。这是因为他们心里明白，"知足"，才能保住自己的富有；"不知足"，即使有时富有也会丢失。

知足，不仅指面对钞票时不乱伸手，更是指把日子过得淡泊快乐的心态。明代开国皇帝朱元璋在教育他的大臣时说得好：老老实实地当官，守着自己的俸禄过日子，就好像守着一口井，井水虽不满，但可天天汲。

从前有个大富翁尹氏，非常热衷于赚大钱、累积财富，但他对待仆人严苛之至，从早奴役到晚。有一名老仆人由于白天做这做那，到了夜晚，筋疲力尽，便倒在床上呼呼大睡。因为太疲倦的缘故，他每晚都梦见自己成了一国之君，住在豪华绝伦的宫殿里，恣意所为，生活好不快哉。虽然第二天醒后仍得操持役事，受人压榨，但老仆人总是自我安慰说："人生百年昼夜各半。吾昼为仆虏，苦则苦矣，夜为人君，其乐无比，何所怨哉？"

至于那位尹氏富翁，白日操虑家业，唯恐被人占了便宜，搞得身心俱疲。到了夜晚，他怀着疲惫之心入眠，却每每梦见自己成为他人的仆役，被辱骂使唤，甚至鞭笞杖挞，苦不堪言。终于他承受不住，病倒了。

知足是一种幸福，然而得到这种幸福是最难的。尹氏虽然享有荣华富贵，却为欲望所蒙蔽，成为生活的奴仆，得不到快乐；而老仆人身操贱业，却能自得其乐，从梦中得到补偿，享受尹氏遍求不得的人生乐趣。

“知足之足，常足矣”，有这样的知足心态，才能心怀宁静，心境平和。也只有这样的心情，才能在事业上有追求，学识上有长进，精神上有寄托，从而使自己在精神上也成为一个富有者。

有一次，清朝乾隆皇帝出巡到镇江金山寺，住持法磐禅师陪同他站在山头欣赏长江的景色。乾隆帝问法磐禅师：“长江一天有多少只船经过？”

法磐禅师说：“只有两只船。”

乾隆觉得很奇怪：“怎么只有两只船？”

法磐禅师说：“一只是为名的，一只是为利的，所以只有两只船。”

的确，天下熙熙，皆为利来；天下攘攘，皆为利往。得到的欢喜，失去的悲伤，人们似乎每天就是在生活的快乐与痛苦、期待与失望、高峰与低潮之间穿梭挣扎，却不知道自己究竟在追寻什么。

“钱，不是万能的，但没钱却是万万不能的”，几分调侃，几分无奈，道出了人活在世的尴尬境地。“拥有金钱并不等于拥有幸福”，不仅是一种酸酸的自我慰藉，其中也蕴涵着对人生的深刻洞析。

老子曰：知足者富。这里要加一句：贪婪者穷。此乃千古不变之真理矣！

5 知止须知留余地

知足是不贪婪，知止则是不随波沉浮。

“留点余地”，这是老人们告诫年轻人为人处世时常说的一句话，也是哲人们悟出的生存之道。老子说：“知止，所以不殆。”

《韩非子·说林》中有这样一段话：“桓赫曰：‘刻削之道，鼻莫如大，目莫如小。鼻大可小，小不可大也；目小可大，大不可小也。举事亦然，为其不可复也，则事寡败也。’”

这段话的大意是说，工艺木雕的要领，首先在于鼻子要大，眼睛要小，鼻子雕刻大了，还可以改小，如果一开始把鼻子刻小了，就没有办法补救了。同样的道理，初刻时眼睛要小，小了还可加大。如果刚开始雕刻时就把眼睛弄得很大，就再也无法缩小了。为人处世也一样，凡事要留有余地，留有后路。只有这样，才不至于遭遇失败。

一个老练的木雕艺人在进行“创作”的时候，讲究的是从上到下，从前至后，由表及里，由浅入深，先易后难，留有余地。民间俗语说得好，“留得肥大能改小，惟愁脊薄难复肥”、“内距宜小不易大，切记雕刻是减法”。为人处世，又何尝不是如此呢？

我们在批评人的同时也要留有余地，要给人留下改过自新的机会；在表扬人的时候也要留有余地，给人留下继续进取的动力。

俗话说得好，“天无绝人之路”，连上天都会给每个人留有转机，留有选择的余地，更何况是我们人类。所以，无论我们做人还是做事，都要学会留有余地。不留余地，就好比棋的僵局，即使没

有输，再也无法走下去了。留有余地，是进退自如，是收放从容，是处世的艺术，是人生的哲学；留有余地，才有足够回旋的空间；留有余地，才能做到均衡、对称、和谐；留有余地，才能做到进退从容，屈伸随意。

如果什么事情都把话说死，把事做绝，把别人一棍子打死，那就显得太刻薄，没有人情味，这也许会解决一些眼前问题，但会失去朋友、失去亲情，树立反对面，自己把台阶撤了，那是很危险的。做人有人情味，凡事留点余地，才能退可守、进可攻，才能让脚下的路越走越宽。

当一个人有了实力或是抓住了对方的把柄，完全有能力打倒对方时，如果有点人情味，恰当地利用手中的优势，给他人留点余地，求得他人的信任与感激，再进一步通过其他方式来增进彼此的感情，那么不但排除了树敌的可能性，而且多了一个可信赖的朋友。天长日久，朋友越来越多，做人与做事都会变得容易起来。

李叔同先生的厅堂里有一幅字，上书“知止”二字，初看颇为不解。人们常说知足常乐，而李叔同为何说“知止”呢？细细品味，很有道理。知足是由人的，知止是由自己决定的。知足是不贪，知止则是不随。

人到了知止的境界，就知道什么时候够了，知道什么时候该走，知道“上台靠机会，下台靠智慧”。知止者，对“欲壑”懂得说够了，对“痛苦和烦恼”懂得说行了。心里这么想，后付诸行动，才能成为行为。

人生之路短暂，快乐固然可喜，但不知止，痛苦往往伴随而来。

6 笑到最后是最好

在逆境中坚持，不光是一种成功，更是一种境界。

古时候，有个叫子舆的人不幸得了一种怪病：背上烂了五个大窟窿，肩膀瘦弱、突兀得像两座高耸的驼峰，脑袋坠到了肚脐下面，后脑浮肿。他走起路来上气不接下气，人们都讥笑子舆的丑陋。

子舆自己却不以为然，他总是自我解嘲说："假如我的左臂膀变成了鸡，我就可以用它来报晓；假如我的右臂膀变成了弓，我就可以用它来打鸟；假如我的屁股变成了车，我的精神化作了马，我就要乘上它到处游逛。这样岂不是很快活的事情吗？"

人们每当听到子舆的这些话，都只是一笑了之，不再理会。

突然有一年，战争爆发了，村里除了儿童以外的所有男人都被抓去当了兵，只有子舆一人幸免于难。后来，那些被抓去的人都死在了战场上，子舆反倒成了方圆十里为数不多的男人。

子舆的故事印证了老子这样一句话："宠辱若惊，贵大患若身。"老子是说，世人名利得失之心太重，所以得到荣宠和受到羞辱都心惊，会把得失看得像祸患殃及生命一样。老子是在劝导人们要宠辱不惊，力求在这个物欲世界保持一份宁静的心境。

不惊是一种大智若愚的成熟，是一种处世的大智慧。

人有脸，树有皮，要真正做到宠辱不惊也不是一件容易的事。比如，受到夸奖，十有八九的人会喜形于色；受到批评，十个人中难找出一张笑脸。人生的宠辱得失，也容易使人产生不平衡的心理。

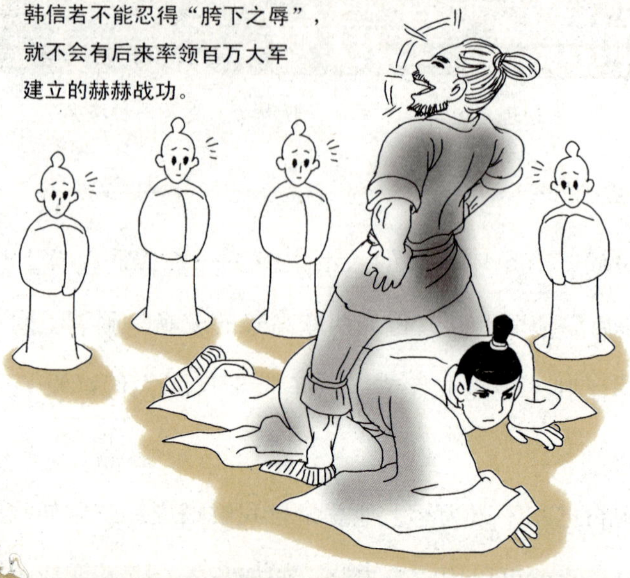

现代竞争社会，虽然比较的是一个人的能力和动机，但同时也是一个人的乐观精神的较量——看谁笑到最后、谁笑得最好。

谁能在逆境中坚持到最后，谁才是赢家。这不光是一种成功，更是一种境界。

在遭遇挫折时，冷静面对，总比自叹自弃好得多。

在经济发达的今天，当我们看到别人比我们活得潇洒、过得舒服时，心理的天平就自然或不自然地发生倾斜，觉得同在蓝天下、同在地球上，自己怎么就活得不如人呢？这时心中便产生了委曲。有很多政界中人，事业顺利时志高气盛，一旦遭到挫折失意，就失去早年的勃勃生气，要么精神沮丧消沉，要么完全陷入绝望深渊，自暴自弃，甚至断送生命。这都是因为他们把做官当做了谋取私利、捞取个人财富的机会，把权力当做了命根子，失去了权力，无疑会感到自己再也没有了存在的价值。

现代社会虽然比较的是一个人的能力和动机，但同时也是一个人的乐观精神的较量——看谁笑到最后、谁笑得最好。

要笑到最后，就要在受到无端误解、屈辱或面对意外惊喜时，依然心如止水，泰然处之，这实在是太难了。谁能在逆境中坚持到最后，谁才是赢家，这不光是一种成功，更是一种境界。

但什么是成功？成功就是不迷失自己。韩信不能忍得“胯下之辱”，就不会有后来率领百万大军建立的赫赫战功。任何一个成功者都要经得住大悲大喜的考验，都要深悟韬光养晦的真髓，都要明白“天旋地转，方寸不乱”和“小不忍则乱大谋”的意义。

在遭遇挫折时，冷静面对，总比自叹自弃好得多。

7 宠辱不惊最难得

宠辱不惊，闲看庭前花开花落；
去留无意，漫随天外云卷云舒。

唐朝有个叫卢承庆的人，任考功员外郎，即专管官吏考核的官员。因为他做事认真、公正，很受人们的称赞。一次，有个官员发生了粮船翻沉的事故，应受到惩罚，于是他给这个官员评了个“中下”的评语，并通知了本人。

受到惩处的官员听说后，没有提出意见，也没有任何疑惧的表情。卢承庆继而一想：粮船翻沉，不是他个人的责任，也不是他个人能力可以挽救的，评为“中下”可能不合适。于是就改为“中中”等级，并且通知了本人。

那位官员依然没有发表意见，既不说一句感激的话，也没有什么激动的神色。卢承庆见他这般沉得住气，又把他的考绩改为“中上”等级，并脱口称道：“好，宠辱不惊，难得难得！”

这个倒了霉的官员正是在面对失和得时保持了一颗平常心，才感动了考核的官员，虽然工作中出了差错，结果却比预想的好得多。

明代洪应名《菜根谭·闲适》中说：“宠辱不惊，闲看庭前花开花落；去留无意，漫随天外云卷云舒。”其中，“闲看庭前”几个字，大有“躲进小楼成一统，管他冬夏与春秋”之意；而“漫随天外”几个字，则显示了放远眼光，不与小人一般见识的博大情怀；一句“云卷云舒”却又隐含了“大丈夫能屈能伸”的崇高境界。寥寥数语，却深刻地道出了人在对待名誉和地位时应持的正确态度。那位运粮的官员之所以能做到“宠辱不惊”，就是因为他对

事对物，尤其是对功名利禄，失之不忧，得之不喜，保持了心平气和、淡泊自适。

许多人目光短浅，受不得一点儿委屈和磨难，受一点儿批评就寝食不安，动辄寻死觅活。殊不知，一些别有用心者的目的就在这里——用指责和批判使你崩溃、茫然，丧失斗志，甘愿退出战斗；用过分的赞颂和恩宠使你分不清东西南北，丢失自我，放弃追求。

有了一颗平常心，真正做到了宠辱不惊，人才能活出一个自我，活出一份洒脱。美国科学奇才费曼是一位很了不起的科学家和热爱生活的哲人。他明知所爱的人罹患癌症，但还是与她结婚，不管别人如何评价，他还是坚持爱的真谛。他在自传中写道：“有一次他收到太太寄来的礼物，打开一看竟是一盒铅笔，铅笔上印着‘亲爱的理查，我爱你，猫咪。’”

猫咪是他对太太的昵称。费曼觉得礼物很好，但如果被别人看到，会怎么想？于是他拿了一支铅笔，刮掉了上面的字。次日，费曼又收到太太的一封信，开头就写着：“想要把铅笔上的字刮掉吗？这算什么？你难道不以拥有我的爱为乐？”其后是用大写字体写着“你管别人怎么想？”下面是一首诗：“若你以我为耻，你就是傻瓜，你就是傻瓜！”

这个小故事告诉我们，人不能被别人的评价牵着鼻子走，也就是老子“宠辱不惊”的哲学。只有宠辱不惊，才能清醒地做人，清醒地思考和工作，精神生活才能提升，身心才会健康。

宠辱不惊是一个人真正成熟起来的重要标志。要做到宠辱不惊很难，难在它不是一句宣言或口号，而是一种极高的素养，一种深植于内心的“定力”。这定力既要靠深刻的自知之明，明白自己的虚实长短；又要靠坚定、高远的信念。这种信念深入骨髓，浸透灵魂，已将个人荣辱早已置之度外，无论遇到多少坎坷和曲折，目标始终如一。

8 惹是生非的窟窿

人最大的祸患就是身体迷失于所受的诱惑，沉湎于声色感官之欲。

道家认为，世间一切罪恶的根源，就是人身上那几个惹祸的窟窿。老子说：“五色令人目盲；五音令人耳聋；五味令人口爽；驰骋田猎令人心发狂；难得之货令人行妨。”

老子说的是沉湎于声色感官之欲的弊害，提醒人们摒弃外在物欲的诱惑。说到这儿，老子还是不放心，他干脆开出最彻底的药方——“塞其兑，闭其门，终身不勤。开其兑，济其事，终身不救”，即塞住其感官，关闭其嗜欲之门，不追逐那些身外之物而恬淡自养，积精累气，固根抱本，则可延年益寿，终生没有祸患；打开感官通道，贪求色声美味，追逐名利地位、逐末忘本，大干嗜欲之事，则终生不可救药。

老子认为，要治国平天下，首先要“虚其心，实其腹，弱其志，强其骨”。简单来说，就是使百姓头脑简单，四肢发达，无欲无求，即可免生祸患。

作为人，有情绪、有欲望是很自然的，因为人类的世界就是一个情欲的世界。情欲包括对色的欲望，这个欲望对人类的延续来讲并不是罪恶，而是天经地义的事情。但是若一味地放纵情绪，随心所欲，也会给人带来严重的后果。

但若真如老子所言，把那些惹是生非的窟窿眼儿全都塞上，岂不与动植物一样了吗？还何其为人乎？几千年来，虽然这种禁欲之声不绝于耳，但真正信奉此道者不多，身体力行者更是凤毛麟角。

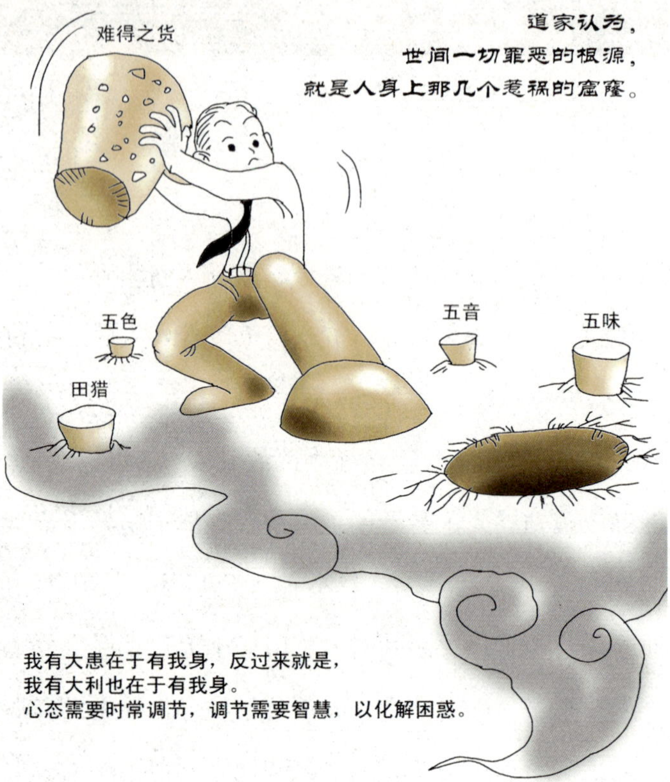

就连老子自己也不能不哀叹："吾言甚易知也，甚易行也。而天下莫之能知也，莫之能行也。"

其根本原因在于禁欲违反了人性。

于是，问题就只剩下一个，那就是这个"欲"到什么程度为好。所以，不论哪朝哪代，哪洲哪国，何种政治制度，都要制定出各种各样的道德规范和法律法规，以规范人们的七情六欲，规范人们的言行举止。

如果人人都能约束自身，在这些规范的范围内享受七情六欲之娱，遂无祸患；如果放纵自身的七情六欲，超出了规范，大患至矣，悔之晚矣！

老子还说：“吾所以有大患者，为吾有身，及吾无身，吾有何患？”意思是说，对我来说，最大的祸患就是我拥有自己的身体。这个道理似乎有瓦解我们自身价值的意味，人活着是为了什么，最简单明了的说法就是让自己活着。为了这个最简明的目标，我们开始了各种各样的活动：原始人只要求食能果腹，衣能蔽体，不受野兽袭击就好；农业时代的人们要求男耕女织，要有田地、有房子；现代社会的人们要求有好车，有好的手机……巢穴求其最温暖，食物求其最精美，都是为了满足这身肉体凡胎没有底线的欲求。

从这个角度来看，老子的这句话是相当悲观的。但若从乐观的角度来看，我们觉得他可以让悲观的人变得乐观。为什么呢？身是人最基本的要素，一旦身没有了，便不再觉得这个世界有多危险，人所以畏惧种种伤害，都是因为很多因素可能损害到自己的利益，尤其是在人们认识到利益是驱动社会的主要动力之后。

其实，“我有大患在有我身”，反过来就是“我有大利也在有我身”。“利”之于“患”的转化完全取决于对“我身”的定位。若我们觉得除了我身，已经一无所有，我又有何惧？拥有“穷人”底色的人得到任何东西都意味着他比以前更富有，毕竟“贵以贱为本，高以下为基”，“下”只是开始的起点而已。这不是宣扬自欺欺人，而是说明一种心态。心态需要时常调节，调节需要智慧，以化解困惑。老子为我们开了个方便之门。

9 做个性情不离者

顺其自然，不刻意追求与人一样，也不刻意地与人不同。

《庄子·马蹄》中说：“马，蹄可以践霜雪，毛可以御风寒。龁草饮水，翘足而陆，此马之真性也。”庄子说的是，马蹄可以踩踏霜雪，毛可以抵御风寒，它吃青草、喝清水，翘起脚而跳跃，这是马的天性。可是到了“善治马”的伯乐那里，便“烧之，剔之，刻之，雒之，”即原本自由健康的马儿被剪了毛，削了蹄，在身上刻了漂亮的花纹，又“连之以羁絷，编之以皂栈，马之死者十二三矣！饥之渴之，驰之骤之，整之齐之，前有橛饰之患，而后有鞭筴之威，而马之死者已过半矣”——给马扣上缰绳，把它们关进棚子里，这样一折腾，马死去了十分之二三了，如果又让马儿不时处于饥饿和口渴的状态，还用鞭子不断地抽打驱使它们奔跑，这样下来马儿又要死去十之二三了。

物贵天然，人贵自然，刻意雕琢可能得到美丽的外表，但已失去真实和生动。瓜熟蒂落、水到渠成才是自然的最佳状态。可是现实中的人们有时花了太多时间和精力来羡慕别人，刻意模仿，雕琢自己，最终得不偿失，反而弄巧成拙。

做人要坚持自我，顺其自然，不需要刻意追求与谁一样，也不需要刻意地与谁不同。雨果曾说过：“所有的人都被分为奴隶和自由人，过去是这样，现在仍是这样。一个人如果一生2/3的时间不是为了自己而活的话，他就是个奴隶，不管他是政治家、商人还是学者。”

似乎人人都戴着面具做人，常常觉得失望、伤心、落魄，于是也戴上面具伪装自己，渐渐地习惯了，面具就像长在自己脸上。伪装在人这里，似乎是与生俱来的天赋。

为自己而活，做一个真实的自己，把自己真实的一面自然而然地流露出来，或许带给别人的是一种意想不到的亲切和温暖。保持一种自我的本色，至少在芸芸众生的大千世界中不会迷失掉自己，使自己保有一份信念，看到希望和自己存在的那份价值。

庄子说：“道德不废，安取仁义。性情不离，安用礼乐。”意思是说，如果一个人的道德都固守在心中，用得着外在的礼仪规范吗？每个人的性情如果不离散，不违背人的本真，用得着外在的礼乐吗？可见，庄子主张顺从天道，摒弃人为。

我们每个人来到世上是赤裸的，真实的。童年最纯真，无忧无虑，遇到高兴的事就高兴，毫不掩盖自己的喜怒哀乐。可是在成长的过程中逐渐失去了率直天真，人与人的交往中的功利、目的、尔虞我诈时时缠绕心头，本真之心被密密麻麻的防人之术和戒备之心掩盖了，包装出来的却是一个冷漠甚至有双重人格的人，成为一个被功名、利禄、权势、地位所驱使的奴隶。那么，如何摆脱这些枷锁，找寻往昔属于自己的那份本真呢？

古希腊哲学家赫拉克利特曾说过：“我研究了我自己。”这句话印证了道家追求幸福的方法：从自己的经历和心灵中去寻找。

10 胸怀博大者得自由

一个爱患得患失、计较功利的人，往往会被自己的心结缠住而无法解脱。

《庄子·逍遥游》中记载：北冥有鱼，其名为鲲。鲲之大，不知其几千里也；化而为鸟，其名为鹏。鹏之背，不知其几千里也；怒而飞，其翼若垂于天之云。是鸟也，海运则将徙于南冥。南冥者，天池也……

这是一幅雄奇壮丽的自然画卷：北方的大海里有一条鱼，它的名字叫做鲲。鲲的体积，真不知道大到几千里；变化成鸟后，它的名字就叫鹏。鹏的脊背，真不知道宽阔到几千里；当它奋起而飞的时候，那展开的双翅就像天边的云。这只鹏鸟呀，随着海上汹涌的波涛迁徙到南方的大海。南方的大海是个天然的大池……

多少年来，正是这条逍遥的大鱼和这只逍遥的大鸟，让许多疲惫的心轻松了许多，让许多追名逐利的脚步慢了半拍。逍遥看似是身体的行为，其实是一种心灵的自然释放、无拘无束的状态和悠然自得的心境。

生命是有限的，人应该多享受生活的快乐，而不是四处自寻烦恼。一个爱患得患失、计较功利的人，往往会被自己的心结缠住而无法解脱。美国研究应激反应的专家理查德·卡尔森说：“我们的恼怒有80%是自己造成的。”

任何人不是完美的，要承认生活有时是不公平的。只有跳出自设的烦恼困局，才能平静地思考、更清楚地认识自己和处理问题。

细细想来，好生气的人一定是一个索取心极强的人、一个要北冥有鱼，其名为鲲。鲲之大，不知其几千里也；
化而为鸟，其名为鹏。鹏之背，不知其几千里也；
怒而飞，其翼若垂于天之云。

生命是有限的，人应该多多享受生活的快乐，而不是四处自寻烦恼。
一个爱患得患失、计较功利的人，往往会被自己的心结缠住而无法解脱。
视人生的一切如行云流水，能忍人所不能忍，
或许心中的不顺便会自然随风消逝。

求很多的人、一个唯我独尊的人、一个自己永远正确的人，所以每当其要求不能得到满足时就会失去平衡。一旦失去了平衡，表现出来的就是面部变形、语言变形、心态变形，如暴跳如雷、怒发冲冠、不服不忿、说三道四、急需人同情、可怜兮兮、免疫力急剧下降……此时，其心情愈来愈不好，越不好就越生气，长此以往恶性循环，不久就变成了祥林嫂，见谁都讲自己痛苦的过去，都是别人的不对……

对此，有人开出了一副治疗药方：认可他人，肯定他人，赞赏

他人。

有一个故事说，从前，有一个男孩的脾气很不好。于是他的父亲就给了他一袋钉子并告诉他，每次发脾气或者将要和别人吵架的时候，就钉一颗钉子在后院的篱笆上。第一天，男孩在篱笆上钉了37颗钉子。此后的几天里，他学会了控制自己的脾气，每天钉的钉子数量也逐渐减少了。他发现，控制自己的脾气实际上要比钉钉子还要容易些。终于有一天，他一颗钉子也不钉了，于是他高兴地把这件事告诉了父亲。

父亲说："从今以后，如果你一天都没有发脾气，就可以在这天拔掉一颗钉子。"

日子一天一天过去，最后钉子全被小男孩拔光了。父亲握着他的手来到后院，语重心长地对他说："你做得很好，我的好孩子，但你看看篱笆，这些篱笆将永远不能恢复成从前的样子了。就比如你和一个人吵架说了些难听的话，你在他心里留下的伤疤，就像这个钉子洞一样，就难以愈合了。无论你怎么道歉，伤口总是在那儿。"

这个父亲告诉孩子的是，对人要宽容、谦让，要有"宰相肚里能撑船，将军额头能跑马"的气度，来包容和接纳别人。

现实中，每个人都会遇到很多不顺心的事情，当然一时的情绪波动是人作为感情发泄的正常表现，可是，如果烦恼表达不当，将会伤害到别人，即使朋友最终也会反目成仇。如果能像庄子那样，视人生的一切如行云流水，能忍常人所不能忍，或许心中的不顺便会自然随风消逝。

叁

进与退

藏锋是最好的进取

1 人间随处有乘除

领导者因骄矜之气而失去权力，富贵者因骄矜之气失去自己的财富。

《史记·陈涉世家》中的“苟富贵，勿相忘”，经常被人们提起，意思是将来发达了，不要忘记曾经一起贫贱和奋斗过的朋友们。但这句话越是被人提起，越是证明大部分人是“飞鸟尽，良弓藏；狡兔死，走狗烹”。古往今来，有些人在一夜成名、一日暴富以后长出了“尾巴”，而且把“尾巴”翘得老高，趾高气扬，目中无人，一幅老子天下第一的做派。

大诗人杜甫的祖父杜审言也未能免俗，他在唐中宗时做修文馆学士，为人恃才自傲，曾对人说：“我的文章那么好，应该让屈原、宋玉来做我的衙役，我的字足以让王羲之北面朝拜。”

这种骄傲自夸，只显出了他见识的短浅，并没有人认为他的才能真的有那么大。

老子说：“圣人去甚、去奢、去泰。”意思是说：大智慧者顺其自然，不做那些过分的事，不追求奢侈，更不安于享乐。具体来讲，所谓“去甚”，就是不偏执过分，做人处世，皆宜平和。处人以和为贵，财气以和为生，人身以中和之气为宝。“去奢”，就是弃绝奢侈浮华，不贪图享受，不贵难得之货。否则人生之路便会偏离正确方向，为自己种下了祸根。“去泰”就是去掉恃才傲物、自以为是、固执己见等骄傲自满的心理病态，做事做人不骄傲放肆，安于本分，不恃强好胜。

历史上也有一些参透了“老庄”真谛的人，具有代表性的，一

范蠡带了西施，一叶扁舟，飘然于太湖之上。

圣人去甚、去奢、去泰

顺其自然，让每个人都能展现他们的特色，让每个人都有一个舞台可以发挥。

个是战国时候的范蠡。范蠡帮助越王勾践复国复位后，知道越王勾践是个只可共患难、不可同安乐的人，于是拒绝一切高官厚爵，只带了西施，一叶扁舟，飘然于太湖之上。

另一个就是曾国藩。太平天国起事后，曾国藩编练的湘军快速发展壮大，成为清政府可以依靠的唯一军队，曾国藩也就成为当时中国最有实力的人物，吸引了当时各种各样的目光，甚至被不少人视为即将诞生的新主。由于曾国藩当时的权力、地位和号召力，曾国荃、彭玉麟、左宗棠、鲍超等湘军30余名高级将领深夜请见曾国藩，怂恿他当皇帝，而曾却写下“倚天照海花无数，流水高山心自知”一联，作为回答。

湖南著名才子王闿运也曾将类似意见写成字条，献给了曾国藩。曾国藩看了以后对王闿运说：“你太辛苦了，疲累了，先去睡一觉。”

打发王闿运走后，曾国藩将字条吞到肚中，连撕碎丢入纸篓都不敢。为此，曾国荃很不服气，曾国藩给他写了一首诗：

左列钟铭右谤书，人间随处有乘除；

低头一拜屠羊说，万事浮云过太虚。

富贵者、当权者自身本来就容易有骄傲之势，看不起地位不如自己的人。如果再不能礼贤下士，虚心受教，他就可能因为自己的骄矜之气而失去财富、政权。

社会上有各式各样的人，能力强、能力弱的；资质好、资质差的；讲话投缘的、不投缘的；我们喜欢的、不喜欢的……如果我们能做到顺其自然，让每个人都能展现他们的特长，让每一个人都有一个舞台可以发挥，那这个世界是不是会变得更美？我们内心的世界，是不是也会变得更宽广呢？所以老子说：“圣人去甚、去奢、去泰。”

2 不自矜者方成长

上等人，有本事没脾气；中等人，有本事有脾气；末等人，没本事有脾气。

生活中，很多人都把心思放在卖弄才华或者往自己脸上“贴金”上，这样的人，是无法真正领悟到人生真谛的。即使他们一时名声在外，风光无限，但终究会露出破绽、被人唾弃的。

《庄子·山木》中讲到这样一个故事。

阳子到宋国后住宿在旅店里。旅店主人有两个老婆，其中一个美丽，一个丑陋。但奇怪的是，丑陋的那个受宠爱，美丽的那个遭冷遇。阳子觉得非常奇怪。

旅店小伙计告诉他：“那个美丽的自己认为美丽，我便没觉得她的美丽；那个丑陋的自己认为丑陋，我便没觉得她的丑陋。”

阳子感慨地说：“学生们记住，品行善良的人如果能去掉认为自己善良的心理，到哪里不受喜爱呢？”

店主的两个老婆一美一丑，漂亮者自认为美丽，说话做事处处自我欣赏，自我炫耀，自我表现，让人很反感和厌恶。而丑老婆有自知之明，做事低调，得体大方，与人相处得很好，所以产生了美的不美、丑的不丑这种奇怪的现象。

在一系列带有道家特色的思想中，“反者道之动，弱者道之用”可谓是最关键的一条。它把事物向相反的方向转化，作为“道”的运动规律，将守弱用柔、以柔克刚、以弱胜强作为“道”的作用所在。在这里，“反者”、“弱者”，既是“道”（即规律），又是辩证思想中矛盾对立面相互转化规律的体现。

由此而引发出来的“不自矜，故长”，意思是做人只有不自傲自大，才能不断进步，否则就是自设困局，就会陷入人生的泥潭而不能自拔。

学者南怀谨先生有一段话说得好：“上等人，有本事没脾气；中等人，有本事有脾气；末等人，没本事脾气大。”

一个人在当“百姓”的时候，拥有的话语权有限，见到领导唯唯诺诺，见到同事谦卑、恭敬，怕有闪失。如果官做大了，真有一种“多年的媳妇终于熬成了婆婆”的感觉。如果说过去是“人在屋檐下，不得不低头”，那么当了官就有一种“翻身得解放”的畅快感和优越感，于是动辄训斥下属也就成了一种发泄这种畅快感和优越感的渠道。

自高自大，很容易一叶障目，陷入自己为自己设计的虚幻花环之中，把自己弄成不知天高地厚的夜郎和井底之蛙，面对问题时浑然不觉，从而遭到长久而重大的损失。

一个下属对自己的老板说：“讲到勤奋，你不如我；论成功，我根本不敢和你比。这是为什么呢？”

老板一脸的愕然：“我为什么要比你更勤奋呢？为什么我非要比你勤奋才能赚钱呢？我从来没有想过钱是靠勤奋赚来的。尽管我也曾勤奋过，可那已经是很多年前的事了，那时候，我替自己的老板工作。在那个年代，我比你勤奋、刻苦得多，却没有你们现在挣得多。在这个社会，大部分的人勤奋，但靠勤奋发不了财。”

下属诧异地问：“发财不靠勤奋靠什么呢？”

老板说：“既然大家都这么勤奋，难道缺我一个地球就不转了吗？我的长处是提供机会，让别人勤奋的工作，而不是要我比员工更勤奋。”

芸芸众生，各有所长，也各有所短，我们需要用睿智的眼光看到自己的不足，也要提供给别人发挥长处的机会，而不是用自己少有的光芒遮住别人的风采。如果眼光已经变得很固定、很僵硬，就必须向水学习，让观念流动起来。

“以才自足，以能自矜，则为小人所忌，亦为君子所薄”。人骄傲专横、傲慢无礼，是最大的弱点。自以为聪明过人、才情无双，任才使气，这种人纵或功成名就，然因习于骄矜，导致前功尽弃、身败名裂，很少能够持盈保泰的。所以西方有句谚语说："当骄傲跨上马鞍时，耻辱和灾害亦随之坐在马臀上。"

富贵不与骄傲相约，但骄傲自然而然地随富贵出现；骄傲和死亡并没有联系，但死亡也会随骄傲而来临。所以，骄傲、荒淫、自夸必将以坏的结果而结束。正如法国作家巴尔扎克说："自满、自高自大和轻信，是人生的三大暗礁。"此言是矣！

3 不显摆者最明智

一个能够洞明世事、知己轻重的人，做事处人也一定能够把握好分寸。

老子说："不自见，故明。"所谓"见"者，现也。不自见，就是不自我显摆和表现，不炫耀自己的能力、功劳、身份和地位。如果不自制，就很容易自我膨胀，有意无意地抬高自己。这种做法不仅背离了中国人一向倡导的谦逊美德，也会被认为是对他人的蔑视和冒犯。

一个人越是水平高、能力强、功劳大，越要懂得"矜功不立，虑愿不至"的道理，做到"己之虽有，其状若无；己之虽实，其容若虚"。唯有如此，才能做到"明"，即清醒、明白。一个能够洞明世事、知己轻重的人，做事处人也一定能够把握好分寸。

每个人都有自己的长处，也有各自的短处。顺风得意时，目空一切，看不到别人的长处，滋生起老子天下第一的狂妄之心，说话过分，做事过分，多年的朋友远去了，同事间的信任和友谊没有了，得到的只是别人的嫉恨，引起的是别人的过度关注。

西晋有个叫石崇的人，因为在当地方官时搜刮有道而富甲天下。

他与当时巨富、晋武帝的小舅子王恺比富，谁最奢侈，谁就最受尊重。王恺用糖膏刷锅，石崇就把密蜡当柴烧。王恺用蚕丝作路两旁的屏幕，石崇就用锦缎作屏幕长50里。王恺用赤石蜡涂墙，石崇就用花椒粉和泥涂墙。

晋武帝给王恺一棵高两尺的珊瑚树。王恺拿去跟石崇比，石崇

谦虚谨慎的人，才能获得人们的尊敬和赞美

不自我显摆和表现，不炫耀自己的能力、功劳、身份和地位。

收敛是一种心态，是对社会现实、人生状态的一种顿悟，也是一种对人生观、价值观、金钱观，乃至世界观的彻悟。

收敛是一种境界，是一种对自己的约束，也是一种对社会、对别人的尊重。

竟然把他的珊瑚树打碎，拿出自己的珊瑚来，其中高三四尺的就有六七棵。

石崇有一个规模非常大，又非常富丽堂皇的金谷园，里面蓄养了上千美女。石崇请客时，就叫这些美女给客人敬酒，客人要是不喝，他就杀敬酒的美女，再其他人敬酒，再不喝，就再杀，直到客人把酒喝下为止。

因为他有太多的财富、太多的女人，自然引来了许多人的羡慕、嫉妒。石崇有一个非常美丽的爱妾叫绿珠，被权臣孙秀看上了。

孙秀曾经派人求石崇转让，石崇不给。孙秀就乘机陷害石崇。石崇被杀时，感叹道：“我今天被杀，是因为奴才们贪图我的财富。”

刽子手说：“你知道财富能带来灾祸，为什么不早散发呢？”

这就是招摇过度的结局。不张扬，默默无声并不等于弱小和胆怯。常言说得好，咬人的狗不叫，有钱的人不显，有理的人不闹，有权的人爱微笑。成大事者都能做到“不自见”，避免树大招风，尤其是在事业的发展阶段。

收敛是一种心态，是对社会现实、人生状态的一种顿悟，也是一种对人生观、价值观、金钱观，乃至世界观的彻悟。

收敛是一种境界，是一种对自己的约束，也是一种对社会、对别人的尊重。懂得收敛的人，才会“胜不骄，败不馁”；懂得收敛的人，必将赢得社会和别人的尊重。

4 得饶人处且饶人

饶人，不是放弃原则的浑浑噩噩，而是一笑置之的宽恕和容忍。

有一首诗说：“烂柯真诀妙通神，一局曾经几度春；自出洞来无敌手，得饶人处且饶人。”

“饶人”本指让人一步棋，后来“得饶人处且饶人”成为表示尽量对人宽容忍让的成语。

对于这句话，老子是从反面讲的：“强梁者不得其死，吾将以为教父。”古往今来，争强斗狠者能有几个有好下场呢？把人做到极端，把事做绝的人得善终的不多，这是活生生的反面教材。

人在愤怒的时候，总是说些尽可能伤害别人的话，这样才显得话的分量。但当我们冷静下来的时候，也许会后悔一时的冲动。

每个人都有难堪的时候、做错事的时候、有求于人的时候，如果这时你处在有理的一方、得势的一方、管束人和裁决的一方，你会怎样做呢？尤其是那些错误或事情牵涉到你的利益时，甚或他们与你有着深仇大恨时，你会怎样做呢？你很认真，很讲原则？你有些得意，刻薄刁难，猫玩老鼠？还是给人一个台阶，不苛难对方，即使仇人也放他一马呢？

对此，不同的人可能有不同的做法。一般来说，心胸狭窄的人爱为难别人，他们不愿意帮助别人，不愿意给别人台阶下，不宽容或原谅人。这种人可能没想到，在生活中，自己也经常会处在难堪、有错、有求于人的地位，在这种情况下，你也极需要他人的宽容、体谅、不苛责。

给别人台阶下，自己也有台阶下。
关照别人，最终也是关照了自己。

因此，将心比心，同情他人、宽容他人、不难为他人是一种美德。这种美德能够感化人，提升人们之间的互助亲善关系，在社会上形成一种宽厚、达观的向善风气。这样，阴暗的东西可能会少一些，自己有了不幸的时候，也更容易得到他人的帮助。

在关键的时候、特殊的时候帮助了他人，别人会终生记恩。反过来，苛责人、难为人、不饶人，就会到处树敌，激化矛盾，让双方僵持在不能愈越、不能通融的死结上。俗话说“狗急也跳墙”，其实，人急了也会跳墙，人的跳墙就是拼命。现在的社会中，大家都不容易。能不认真的时候，能不苛责的时候，多给人台阶下，多放人过关，这应成为一种生活准则。

八仙之一的纯阳子吕洞宾写过一首四言《劝世》诗，其中一句就是“饶人是福”。

老子说：“圣人常无心，以百姓之心为心。善者，吾善之；不善者，吾亦善之，德善。”意思是说，圣人常常是没有私心的，以百姓的心为自己的心。对于善良的人，我善待于他；对于不善良的人，我也善待于他，这样就可以得到善良了，从而使人人向善。

对于善良的人，以善对待是正常的。而对于不善良的人，也同样的善待，这需要有一种宽厚胸怀，要有能够饶人的气度。自古至今，宽容被圣贤乃至平民百姓尊奉为做人的准则和信念，已成为中华民族传统美德的一部分，并且视为育人律己的一条典则。当然，饶人不是模糊是非、放弃原则的浑浑噩噩，而是在分清是非的前提下的宽恕和容忍。

总之，不苛责人、不难为人，得饶人处且饶人，这样不仅会减少人与人之间的矛盾，也会提升自己的善良品质，甚至还会形成一种良好的社会风气。这种与人为善、悲悯众生的品德，正是造物者的意志和提倡。正如宋代的真德秀在《长沙劝耕》中说：“健讼翻成产祸胎，带刀却是杀身媒。争先好胜灾偏速，退步饶人福自来。”

5 退一步海阔天空

小不忍则乱大谋，以退为进、静以待变的退让之道，可使人保持清醒头脑。

老子曾经说："曲则全，枉则直；洼则盈，敝则新；少则得，多则惑。"

在全的地方求全，是绝对不可能的，只有承受了委屈之后，才可能求全。同样的道理，只有先"枉"、先"洼"、先"少"，才可能有后来的"直"、"盈"、"得"。

漫漫人生路，有太多的不如意，忍一时风平浪静，退一步海阔天空，只要不忘记自己的最终使命——做我自己。

人生的各种境遇，都是我们学习的功课。一个人将用什么样的心态面对自己所处的环境，就要看他"忍辱"的工夫够不够。

挫折、打击固然要忍，成功与欢乐也要忍；逆来受，顺来也要受。但是，所谓的"受"，并不是被动的接受、认可，而是以积极主动的态度，把境遇转化成超越，让自己从中获得学习成长的机会。

一般人受到冤屈或挫折，心里总是愤愤不平，然而，正是因为愤恨难消，痛苦煎熬也如影随形，挥之不去。如果借面对打击之机来锻炼自己的心性品格，心里没有怨恨，自然不会感到痛苦。

在逆境中忍辱负重、蹒跚前行，这个道理大家都能接受；而在事事顺利的时候也要忍辱，恐怕就不容易理解了。"春风得意马蹄疾，一日看尽长安花"，许多人在失意的时候还能刻苦自励，一旦春风得意，就放荡起来了，得意忘形，言行举止失了分寸，灾难祸害很快就

随之而至。所以要居安思危，成功要忍，欢乐也要忍。

屈辱可以成为泯灭一个人理想之火的寒冰，也可以成为鞭策一个人发愤图强的动力。要知道，受屈辱是坏事，但也能变成好事。心理学家认为，人有三大精神能量源——创造的驱动力，爱情的驱动力，压迫、歧视的反作用驱动力。

屈辱就是一种精神上的压迫，它像一根鞭子，鞭策你鼓足勇气，奋然前行。记得一位先哲说过，无论怎样学习，都不如他在受到屈辱时学得迅速、深刻、持久。屈辱使人学会思考，体验到顺境中无法体会到的东西；它使人更深入地去接触实际，去了解社会，促使人的思想得以升华，并由此开辟出一条宽广的成功之路。善于从屈辱中学习，是成就业绩的一个重要因素。

许多时候，在向目标奋进的路上遇到了挫折，就不妨退一步，虽然多走了些路，绕了一些弯子，但这些多走的路、绕过的弯子或许恰恰能帮助你到达目标的彼岸。

退一步或许会使别人占了一时的小便宜，却能使自己避免更大的损失，甚至为将来的成功埋下伏笔。孔子说过，“小不忍则乱大谋”；孟子也说过，“天将降大任于斯人也，必先苦其心志，劳其筋骨，饿其体肤”。两位圣人的话都说明了忍让的含义。老子讲的以退为进、静以待变的退让之道，可使人保持清醒头脑，身在弱处，不失信心，积弱胜强；身在强处，不以强而狂妄，时时抱持奋进的态势。

6 功成须解谋身退

人生就如转动不止的陀螺。知退是一种成熟，是一种眼光，是一种睿智。

在秦朝丞相李斯的墓前，有人题了这样一首诗：

上蔡东门狡兔肥，李斯何事忘南归？

功成不解谋身退，直待咸阳血染衣。

这首诗是作者对李斯跌宕起伏人生的感慨，认为李斯被腰斩的悲剧源于他贪恋权位，功成不知身退，直到血洒咸阳。

老子说：“功成身退，天之道。”老子告诫那些立过功、得宠幸的人，见好就收，不要贪恋权力和地位，否则就要大祸临头。“功成身退”是老子设计的一种理想的处世之道。但是，许多人心不肯死、身不肯休，永远想在功名利禄中孜孜以求，紧抓不放，在不可能永久占有中企图占有。

放眼历史，又有谁能永远拥有功名利禄？

文种和范蠡虽然都是足智多谋的人，但两人的个性截然不同。在灭亡吴国后的一次庆功会上，勾践面无喜色，范蠡从中看出了勾践好大喜功、永无满足的性格。所以他立即找文种商量，说明兔死狗烹、敌灭臣亡、功高震主的道理，劝说文种和他一起隐退。

可文种不以为然，他坚持认为，他们替越王消灭了吴国，理应享受荣华富贵。范蠡见此，只好叹了口气，默默地离开了文种府邸。

范蠡做好一切准备后，向越王辞行：“吾闻主忧臣劳、主辱臣死。是年大王受辱于会稽，吾之未死，只图今日。如今应为吾为会稽之辱死。”

勾践看出了范蠡想离他而去之意，于是恳切挽留。但范蠡去意已决："我从师计然，从他那里学到了治国七策，用五策，已使越国富强了。如今功成名就，国富民旺，就让我把计然之策再用在我自己的家业上，为子孙积下一份产业吧。"

范蠡舍弃了到手的功名利禄，跳出了残酷的权力之争。而文种则遭到陷害，被勾践赐死。

后人对范蠡和文种曾有这样的评论："文种善图始，范蠡能虑终。"

人生就如转动不止的陀螺。知退是一种成熟，是一种眼光，是一种睿智。

美国汽车大王亨利·福特40岁时成功地推行薄利多销的经营策略，创造了福特公司日产汽车7000辆的辉煌业绩。但福特在中年以后就退隐了。他在故乡营造了一个住所，在那里和家人一起度过了32年安静清闲的日子。

这位当时在美国数一数二的巨富，家庭生活却很俭朴，据说他只用5个仆人和半个洗衣工人。但他曾以700万美元捐助了一所医院，又降低货价、提高工人的工资和红利、收容伤残。福特公司收留的残疾工人近万名。这既是一种功成身退，也是一种人生的成功！

肆

面与里

让面子和里子能够双赢

1 面子有几斤几两

为了一点可怜的面子而不惜代价，结果反而把面子和里子全损失掉了。

庄子在《让王》篇中说："现在社会上的所谓君子，很多为了追求名利物欲而不惜铤而走险，祸害自己、家人和社会，难道不可悲吗？如果有一个人用随珠（指夜明珠）作子弹弹射8000尺高空的小鸟，人们一定会嘲笑他。因为他所牺牲掉的太贵重而所求得的太轻微。生命，难道只像随珠那样贵重吗？"

功名利禄，除了给人带来物质享受，也会在精神上大大满足人的虚荣心。中国人是出了名的好面子的民族，一些人自私自利，甚至豁出性命去追逐名利，只是为了让别人看得起。为了一点可怜的面子而不惜代价，结果面子不一定能挣到，反而损失了自己作为普通人的幸福。

许多人好面子、爱面子，为了不失面子或者挣得面子，常常做出一些超出自己能力的承诺。结果，要么是不能兑现承诺，失信于人；要么就是为了面子，为了兑现承诺而不惜代价，用一句俗语说，就是死要面子活受罪。

"一定得选最好的黄金地段，雇法国设计师，建就得建最高档次的公寓……楼里站一个英国管家，戴假发，特绅士的那种，业主一进门儿，甭管有事儿没事儿都得跟人家说 May I help you，Sir？一口地道的英国伦敦腔儿，倍儿有面子。"电影《大碗》中的这段经典台词，在令人爆笑之余，也折射出国人的面子心理，竟然连疯子都这么讲面子。

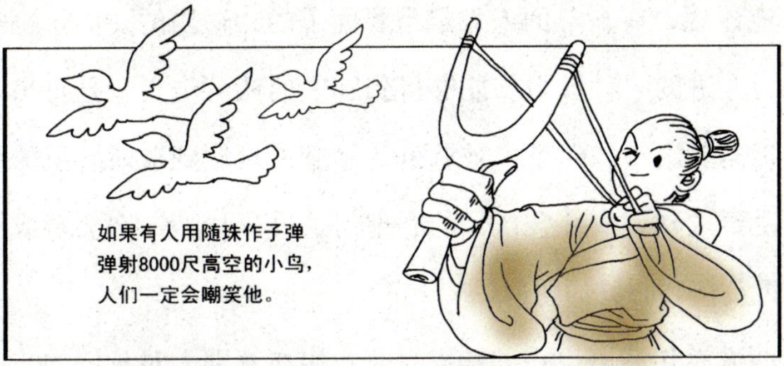

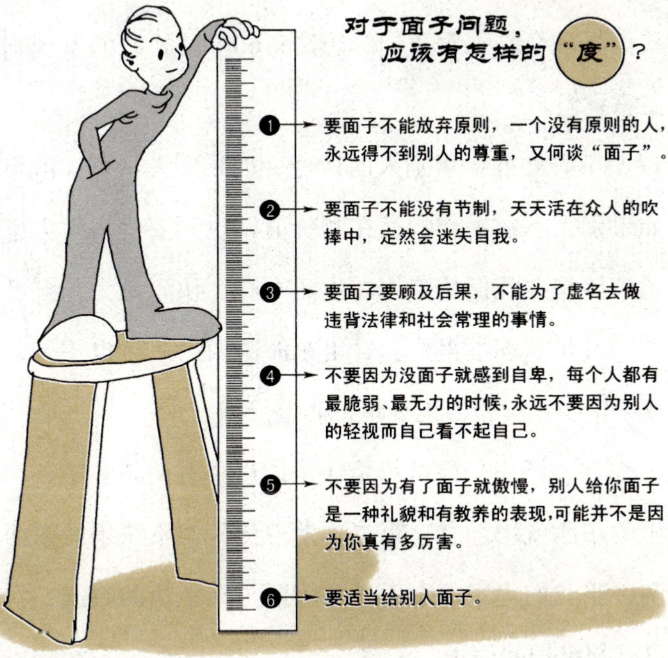

鲁迅笔下的阿Q常常被人耻笑，也是因为“阿Q精神”是一种自欺欺人的面子功夫。阿Q在赵老爷面前唯唯诺诺、自卑得很，但是他被打了之后，却总是用“老子打儿子”来努力维持其可怜的自尊。这在心理学上是精神防御之“自圆其说”方法的典型表现。这种面子心理虽可以缓解人一时的精神苦恼，却不能使其面对现实，积极化解。

应该说，有自尊的人肯定是要面子的，适当的要面子也是让人更努力上进的一种动力。能够得到别人的认可与肯定是每个人的基本心理需要之一。但是，被认可的愿望一旦达到歇斯底里的地步，或者说要求别人或社会认可的心理需求过分强烈，则会造成精神上的沉重负担和心灵的扭曲。

西方有句谚语说："20岁时，我们在意别人对我们的想法；40岁时，我们不理会别人对我们的想法；60岁时，我们发现别人根本就没有在意我们。"

所以，不必处处要求别人的认可，如果别人认可，就坦然地接受它；如果别人不在乎你的存在和价值，也不要过多地去想它。我们的满足应该是在我们的工作和生活本身，快乐是为了自己，而不是为别人。有句歌词唱得好：日出东海落西山，愁也一天，喜也一天；遇事不钻牛角尖，人也舒坦，心也舒坦。

在工作和生活中，保持心情快乐的途径有两条：第一，发现使我们快乐的东西就增加它；第二，发现使我们不快乐的东西就减少它。其实，当我们为了一个面子的问题与人争执的时候，我们已经失去了自己想维护的面子。

2 活出自己的潇洒

潇洒的境界源于心境的豁达，源于对世事的彻悟。

一个人活在世上，就应该俯仰无愧，自由自在，这说起来容易，做起来却不易。因为潇洒本身就是一种别致的魅力，是人生境界的崇高体现。

一般人认为，穷人很难得到快乐，因为他们总要为生计奔波；而富人比较容易快乐，因为他们有金钱和时间去追求快乐。但实际上，穷人有穷人的活法，富人有富人的烦恼，关键是如何看待和使用这些身外之物了。

电视剧《笑傲江湖》中的令狐冲，就是一位极其潇洒随性的人，虽然他对小师妹用情至深，但因本性豁达，看到灵珊和林平之相爱的事实后，心下反倒坦然，只要师妹快乐，即便忘记他也无所谓。令狐冲喜欢交朋友，而且不论贫贱富贵，只要合心意，一律交之，从不为世俗礼法所拘。虽然令狐冲尊敬师父，但心里自有一套待人处世的办法，所以师徒共同生活了十几年，却没有半点相似之处。他从来没有什么名利心，没有“千秋万代，一统江湖”的野心，只要有酒、有音乐、有心爱的人，便能平平淡淡地终老一生，便可“笑傲江湖”，这是多少炼得盖世奇功的大侠都无法得到的洒脱境界。

随遇而安、与世无争被看做某种消极倾向，然而今天看来，却不失为一种成功宝典。如果能随遇而安、与世无争，就不用再为了名利而撕破脸皮。

也许名利能带给我们许多别人得不到的自豪感、成就感、荣誉感，但与此同时它让我们失去了很多人世间最平凡、最珍贵的东西，它使我们不能以一颗坦诚的心来面对这个世界。

潇洒的境界源于心境的豁达，源于对世事的理解和生活的热爱。一个人可以引吭高歌，可以长歌当哭，可以豪饮一醉，可以平静如水，但从不纠结于任何事，不抱怨命运多舛，不逃避风雨，坦然走自己的路，这就是潇洒。

潇洒是坦诚、率真、自然，而不是钱堆出来的那种“阔”，不是肆意大把花钱的所谓大度，而是挥手间衣袖带出来的气度。不必在乎自己的得失，不必在乎周围是阴霾还是阳光，只要有自己的性情，不用众多的面具掩饰自己，哭则透彻笑则淋漓，顺应天性我行我素，这也是潇洒。

与世无争，可以造就一颗纯净如水的心灵。人生没有太多的应该，只要自己对自己负责；人生不该有太多的纠结抱怨，只要有一颗感恩的心。

无论在任何时候，无论我们做什么事情，无论我们面对怎样的环境，我们都能自信坦然的做自己，不为外物所控制和奴役，在天地间任我独行，这不也是一种终极的自由和快乐吗？

3 天下莫能与你争

上士忘名，将名利淡忘；中士立名，靠成就把名立起来；下士窃名，窃取人家的。

人们常说："雁过留声，人死留名。"人的荣誉感本来无可厚非，可是，虚名能够助长一个人的贪欲。贪实利而慕虚荣，再加上不知过、不知悔，"胃口"慢慢就大起来。一旦忘乎所以，必定身败名裂。在这条轨迹上，虚名常常是驱使一个人迈上不归之路的原动力。

其实，喜欢别人一味吹捧的人往往并没有什么真才实学，而越是无能就越是需要借一些华而不实的名号来掩盖自己。这种人也许能骗得了一时，但"路遥知马力，日久见人心"，最终会显出真面目的。

一次，庄子去见鲁哀公。哀公说："鲁国有很多儒生，与先生同道的不多。"

庄子回答："鲁国儒生很少。"

哀公说："鲁国上下差不多都穿着儒生的衣服，怎么能说少呢？"

庄子说："据我所知，儒生戴圆帽子，象征懂得天时；穿方鞋子，象征通晓地理；佩戴五彩丝绳的玉玦，象征处事果断。可是，穿某种服装并不见得就懂得相应的知识，而得道的君子倒不一定穿得道者的服装。如果您不相信的话，就在国内下一道命令——没有那种本事而穿那种衣服的，一律处死！看看会怎么样？"

于是哀公下达了命令。五天以后，鲁国几乎没人敢穿儒生的服

装，只有一个非常魁伟的人独自穿着儒服站在朝门外。哀公便召见他，问了许多天文地理、国家大事方面的问题，他都对答如流。

庄子说："鲁国的儒生就这么一个人，您能说很多吗？"

虚名害人，狂妄自大者坑人，这在历史上有无数教训。

其实，真正有成就、有伟业的人常常是虚怀若谷、戒骄戒躁的，他们决不处处争胜出风头，并善于听取他人的意见。聪明能干而自视高明的人，会因听不进反面意见而招致失败。而有的人虽不一定有多么超群的智慧，但他能集中众人的长处，最后依然能够成功。

一次，阳子居问老子说："如果一个人为人敏捷，做事决断，行为果敢，事理通达，勤奋好学，这样的人能成为称职的领导者吗？”

老子说：“仅有这些优点还不一定能成为好的领导人。如果他意识到这些优点而任意滥用，反而会变得盲目。因为敏捷会滑向轻率，通达会变得不坚定，勤奋过度会扰乱心神。聪明反被聪明误，聪明人干蠢事的例子还少吗？虎豹不就是因为它的皮毛华美而遭捕杀吗？猿猴不就是因为敏捷而被人捉住吗？”

阳子居反问：“那什么样的人才能算称职的领导呢？果断、敏捷、勤奋、聪明的人当不了，难道要那些优柔寡断、笨头笨脑的人来当吗？”

老子说：“你没有弄懂我的意思。聪明的领导有功于人，却把功劳看得和自己不相干；有恩于下属和他人，却不让别人觉得是在依靠他。虽然他的道德和才能无与伦比，但并不处处显示自己。”

真正有远见卓识的人并不善于表现自己，这样别人反而更觉得他高明；真正做出了伟大成就的人并不自以为是，这样别人会给他很高的荣誉。伟大的科学家牛顿尽管在科学上作出了卓越的贡献，但他仍然感到自己懂的东西太少。他在谈到自己的成绩时这样说：“如果说我比多数人看得远些，那是因为我站在巨人的肩上的缘故。”

一个人一旦浮名缠身，其学问也就早已终结。王选说的“一个人老在电视上露面，说明这个科技工作者的科技生涯基本上结束了”就是这个意思。中国古语说得好，“上士忘名，将名利彻底淡忘；中士立名，靠自己的成就把名立起来；下士窃名，自己不行就窃取人家的”。有的人本来靠的就是窃名、买名，如果再不能摆脱“自恋情结”，天天还要捧着那块金字招牌到处炫耀，这与招摇撞骗又有什么区别呢？

4 话说多了谁都烦

话不在多，得体则行，高谈阔论，未必是金。言多必失，祸从口出。

人的嘴有两个功能：一是吞进食物，为了生存；二是吐出声音，为了交际。任何事物都有两重性，这一吞一吐也是如此，吞进去的不都是有用的能量，也有危害身体的病菌；吐出来的不都是令人愉悦的语言，也有让人反感，甚至引来麻烦的语句。

在北京的一辆拥挤的公车上，有个年轻人干干瘦瘦的，戴个眼镜，身旁有几个大包，一看就是刚从外地来的。他靠在售票员旁边，手里拿着一张地图在认真研究，却怎么也看不明白。他犹豫了半天，不好意思地问售票员："去颐和园应该在哪儿下车啊？"

售票员是个短头发的小姑娘，正剔着指甲缝，她抬头看了一眼这位来自外地的年轻人，说："你坐错方向了，应该到对面往回坐。"

话到这里没有什么不妥，小伙儿在下一站下车到马路对面坐回去就是了，但是售票员又补充了一句："拿着地图都看不明白，还看什么劲儿啊！"

外地小伙儿可是个有涵养的人，他笑了一笑，把地图收了起来，准备下一站下车换乘去。但旁边有个大爷听不下去了，他对外地小伙儿说："你不用往回坐，再往前坐四站换904路车也能到。"要是他说到这儿打住，那还真不错，既帮助了别人，也挽回了北京人的形象。可大爷把话说完，又多说了一句："现在的年轻人哪，没一个有教养的！"

人生一张嘴，功能有二

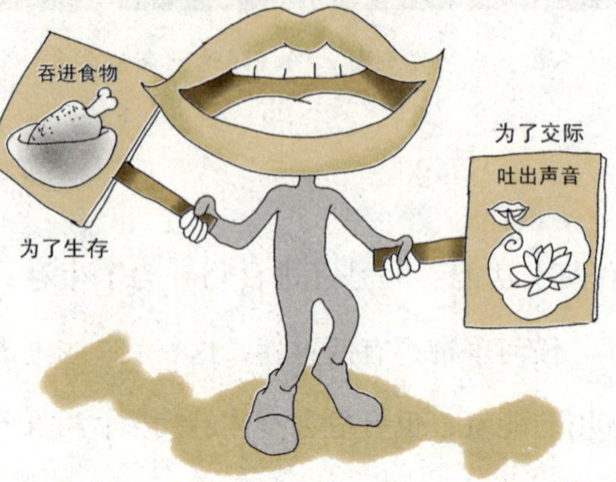

本来说得好好的，就是话多了，而且只多了一句话，结果引来了连锁反应，把一辆公交车变成了战场。

大爷这话的打击面也太大了，车上好多年轻人呢！站在大爷旁边的一位小姐忍不住了，说："大爷，不能说年轻人都没教养吧，没教养的毕竟是少数嘛。您这么一说我们都成什么了！"

这位小姐穿得挺时髦，两根细带子小吊背心，脸上化着浓妆，头发染成了火红色，从她说的话来看不像是一个没教养的人。可这位小姐也说了一句多余的话，她对大爷说："就像您这样上了年纪看着挺慈祥的，一肚子坏水儿的多了。"

这话实在太没礼貌，当场就有一个中年大姐批评她说："你这个女孩子怎么能这么跟老人讲话呢，要有点儿礼貌嘛。你对你父母也这么说话吗？”

中年大姐批评得多好，把女孩子爹妈一抬出来，女孩子立刻就不吭气了。要说这事儿就这么结了也就算了，大家该干吗干吗去，可中年大姐又补上了一句：“瞧你那样，估计你父母也管不了你，打扮得跟‘鸡’似的！”

后面的事大家就可想而知了，车在吵吵嚷嚷中到站了。车门一开，售票员说：“都别吵了，该下车的赶快下车吧，别把自己正事儿给耽误了。”当然，她没忘了最后一句：“要吵统统都给我下车吵去，不下去我车可不走了！烦不烦啊！”

烦不烦？烦！不仅她烦，所有乘客都烦了！整个车厢都炸开锅了，骂售票员的，骂外地小伙儿的，骂时髦小姐的，骂中年大姐的，骂天气的，骂自个儿孩子的，真是人声鼎沸，甭提多热闹了。那个外地小伙儿一直没有说话，估计他实在受不了了，就大叫一声：“大家都别吵了！都是我的错，我自个儿没看好地图，让大家跟着受气，大家就算给我面子，都别吵了，行吗？”

听他这么说，车上的人都不好意思再吵了，声音很快平息下来。外地年轻人突然又扔出一句：“早知道北京人都是这么一群不讲理的王八蛋，我还不如不来呢！”

随后车里车外打骂声震耳欲聋，许多人打成一团，以至惊动了巡警。不管是售票员、年轻人、大爷，还是时髦小姐、中年大姐，本来说得好好的，就是话多了，而且只多了一句话，引来了连锁反应，把一辆公交车变成了战场。

大概因为老子是个智者，他的话真不多，惜墨如金，一本《道德经》，只有区区五千言，好像多写一个字就要收他的费似的。但是，古往今来，没有谁怀疑老子的学问不大、学问不深。所以，话不在多，得体则行，高谈阔论，未必是金。

古人一直告诫说：“言多必失”，“祸从口出”。要做一个不失不祸的智者，就是要多看少说。少说或不说的人并不一定痴笨，而夸夸其谈者并不一定博识。

但是，我们也不能因为怕“祸”而“缄口”，而是在说话时考虑清楚，避免产生不必要的误会。正如白居易的《读〈老子〉》诗云：“言者不如知者默，此语吾闻于老君；若道老君是知者，缘何自着五千文。”

5 最大的敌人是自己

一个人只有战胜了自己的恐惧、自私、怯懦，才能活出他人难以企及的潇洒。

老子说："胜人者有力，自胜者强。""胜人者"凭借个体的蛮力战胜他人，而"自胜者"凭借的是坚强的意志。能够战胜自我的人，才具有天地之志。天地之志是收获大道，是战胜一切的力量源泉。只有"自胜者"，才是真正的强者。

人类最大的敌人是自己，最不容战胜的对手也是自己。但事实上，人类唯一能影响、去改变的也是自己。俗话说"江山易改，本性难移"，其实人也不是完全不能改变，只是改变的阻力很大，在一定时期内只能一点点地改变。因此，人没有耐心去体认那些改变，进而在心理上放弃了改变的意图。

老子将"胜人"与"自胜"对比，明确表示后者比前者更难，"强"也胜过"力"。因此，我们必须认识到，知人固然不易，自知尤其困难。

雅典有一座戴尔菲神殿，上面刻了两句话，其中一句就是"认识你自己"。直到今天，这句话依然提警人们要有"自知之明"。人没有自知之明就不能正确地估价自己。

一个人在社会中发展"知人之智"和"自知之明"都是必要的，但是，再怎么正确而有效地自知、知人，也不能取代脚踏实地的具体行动。就像戴尔菲神殿上所刻的第二句话——"凡事皆勿过度"，非常值得我们深思。

人是个复杂的个体，要全面认识一个人实属不易。所以，人

人类最大的敌人是自己，最不容战胜的对手也是自己。
人类唯一能影响、去改变的也是自己。

胜人者力

人都有私心私欲，
站在自私的立场，往往很难
对自己作出公正的评价。

自胜者强

即使一个人认识到自己的
缺陷和不足，但要克服它
却要有相当大的毅力。

们常说见识很高的人善于知人。然而，比知人更难的是自知。一方面，人都有私心私欲，站在自己的立场，往往很难对自己作出公正的评价，这就是苏轼所说的“不识庐山真面目，只缘生在此山中”的道理。另一方面，即使一个人认识到自己的缺陷和不足，但要克服它却要有相当大的毅力才行，所以老子说“胜人者力，自胜者强”。

人们常说，“最大的敌人是自己”。一个人只要战胜了自己的恐惧、自私、怯懦，就能创造出他人难以企及的奇迹。

以前，有个人跟着师傅学习了十年剑法，始终不能成为一流的剑客。一天，师傅命令他和一位剑术名家比试，但他认为自己不可能战胜对方。于是，师傅拿出自己珍藏的一柄举世无双的名剑赠送给他，并告诉他只要用这柄名剑就一定能打败对手。果然，弟子用这柄名剑轻易击败了原本认为不可能战胜的对手。

回来后，弟子极力夸耀名剑的种种神奇之处。谁知师傅接过名剑，一挥手，将那柄名剑抛入江中。弟子大为惊异，师傅对他说："你拿的根本不是一柄名剑，只不过是柄普通的剑而已，你之所以能战胜对手，凭借的是你的真实本领。而你一直不能成为一流剑客，是因为你缺乏必胜的信心。"弟子终于醒悟过来，此后经过继续刻苦的磨炼，最终成为天下闻名的剑客。

这个故事告诉我们，人在一片赞扬声里一定要保持清醒的头脑，特别是居于强势地位的人，更要有自知之明，才能不迷失方向。

6 坚强者乃死之徒

弯腰做人并不是苟且偷生，而是一种以退为进的谋略，一种抱柔守弱的生存之道。

老子说："故坚强者死之徒，柔弱者生之徒。是以兵强则灭，木强则折。坚强处下，柔弱处上。"意思是说，世上的事物，逞坚好强的必然会走上灭亡之路，抱柔守弱的必然会得到生存之道。所以，用兵逞强就会走向破灭，树木太强大了就会折断。坚强最终处于劣势，柔弱最终处于优势。

古代有种鸟善于跟从，别的鸟飞，它也跟着飞，别的鸟傍晚归巢，它也跟着队伍归巢，而且前进时不争先，后退时不落伍，吃东西时不抢食，不脱队。因此，它也很少受到同类的威胁与打击，别的鸟客死在路途时，它总能顺利到达终点。这种鸟从来不出风头，从表面看来似乎有点过于保守，实则最为安全。

唐顺宗在做太子时，豪言壮语颇多，慨然以天下为己任，他曾对东宫僚属说："我要竭尽全力，向父皇进言革除弊政的计划。"

他的幕僚告诫他："作为太子，首先要尽孝道，多向父皇请安，问起居饮食冷暖之事，不宜多言国事。况且改革又属当前的敏感问题，如若过分热心，别人会以为你邀名争利，招揽人心。如果因此遭到疑忌，恐怕太子的位置难保，将何以实现自己的抱负？"

太子听后，如雷贯耳，立即闭嘴静音。唐德宗晚年荒淫专制，而太子始终默不作声，保住了自己的太子身份。顺宗顺利继位后，进行了唐后期著名的顺宗改革。

世间的许多事情就是这样，该低头时得低头，昂着头是过不去

的。弯腰做人并不是苟且偷生，而是一种以退为进的谋略。看看历史上那些既得善始又得善终的英雄俊杰，无不是在行为姿态上规避风险的大师。懂得韬光养晦，在适时进与退的前提下才有所作为和成就。

元代张养浩在曲子《双调沉醉东风·班定远飘零玉关》中，把很多历史名人的遭遇，当作韬光养晦的论证依据。品一品这首曲子，也许更明白知所进退的必要：“班定远飘零玉关，楚灵均憔悴江干。李斯有黄犬悲，陆机有华亭叹。张柬之老来遭难，把个苏子瞻长流了四五番。因此上功名意懒。”

但是，弯腰也不是乱弯腰，而是要善于弯腰，该弯时弯，弯得得体，弯得恰到好处。如果一味地弯腰，让人一看就是马屁精，为人所不齿；如果弯腰时没瞅准时机和火候，又容易白弯腰，或是吃力不讨好。

当然，该弯腰时要弯腰，并不是鼓励丧失人格、丧失节气，而是一种保全自身的策略。笑到最后的也许不是强者，而是善于弯腰的弱者。

西方历史上有名的“卡诺莎觐见”，说的是1075年教皇格里高利七世趁德意志神圣罗马帝国国内局势未稳之际，命令亨利四世放弃任命境内各教会主教的权力，宣布教皇的地位高于一切世俗政权，甚至可以罢免皇帝。对此，亨利四世以召集德意志主教会议，宣布废黜教皇，与之相对抗。于是，格里高利七世发布敕令，废黜亨利四世，革除其教籍，解除臣民对他的效忠誓约。在种种内忧外患的严峻形势下，亨利四世再也无法顾及自己高贵的皇帝身份，演出了一场德国版的“负荆请罪”。

1077年1月，年仅26岁的亨利四世带着他的妻子和孩子站在满地白雪的卡诺莎城堡的院子里。而格里高利七世这位出身低微的手工匠人的儿子，硬是让高贵的德国皇帝在室外雪地里站了整整三天，直到使其受尽了精神上的侮辱后才出来恩赐给这位忏悔者一个赦罪的吻。

从表面上看教皇是这场斗争的胜利者，其实真正的胜利者却是亨利四世。因为这次靓见不仅使反对他的诸侯们失去了另立皇帝的借口，也获得了人民的广泛同情。最终，亨利四世驱逐了教皇，教皇在孤独中客死意大利。亨利四世以一种大丈夫能屈能伸的气度笑到了最后。

7 掂量自己的斤两

人贵有自知之明，可见自知是一个人智慧的体现。

常言道：“人贵有自知之明。”把人的自知称之为“贵”，可见人是多么不容易自知；把自知称之为“明”，又可见自知是一个人智慧的体现。人之不自知，正如“目不见睫”——人的眼睛可以看见百步以外的东西，却看不见自己的睫毛。

人认识自己的脸，因为经常从镜子里看到它。但要看到完整的自己——心里所有的事情和所有的感觉、动机、嗜好、冲动及恐惧，却不是件容易的事。一个人如果不完整地认识自己，就是最愚笨的人。比如，有的人天生就不是做官的料，还非要挤进官场，到头来只有哀叹自己怀才不遇，并为自己“英雄无用武之地”而悲伤。

战国时齐人邹忌就很有自知之明，他的老婆、小妾和来客都夸他比城北的大帅哥徐公还要帅。他一次次拿起镜子看自己，觉得相差太远。晚上躺在床上反复考虑这件事，终于明白了：“我的妻子赞美我，是因为偏爱我；妾赞美我，是因为害怕我；客人赞美我，是想向我求点什么。”正是他在面对褒奖时能保持理智，克制自我意识的膨胀，才说服齐王广听言路，从谏如流。

李白高呼“天生我才必有用”，认为凭自己的知识和才能一定能做个左丞右相，尽展其才，并且“仰天大笑出门去”，却最终仕途多折。他刚刚博得唐玄宗一点好脸色，就轻狂得不行，又是让皇帝的大舅子磨墨，又是让大内总管给他脱靴。陶渊明好不容易混了

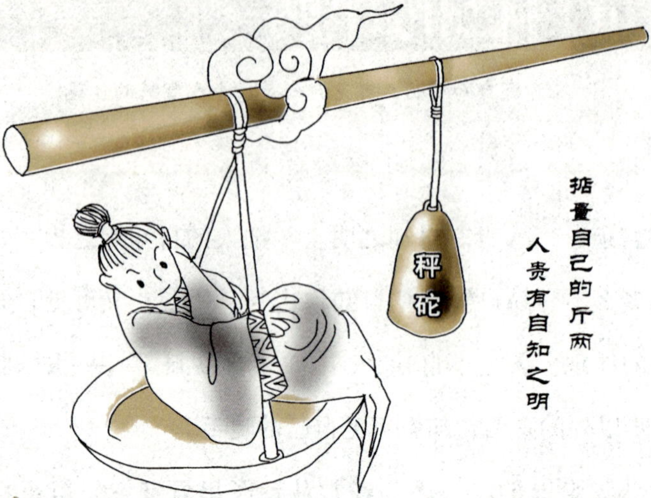

李白高呼“天生我才必有用”，
认为凭自己的知识和才能
一定能做个左丞右相，
尽展其才，却最终仕途多折。

反思自己的所作所为，
明了自身的长短优劣，
不断矫正自己，
真正发现自己独一无二的价值。
同时，还要有自知之明的内在主动。

个一官半职，在领导视察时受了点委曲和难堪，就拍桌子辞了官，来了个潇洒走一回。客观地讲，两位先贤都不是做官的料，李白太狂放，陶渊明胸无城府，使得他们前途无“亮”。这其实是他们没有自知之明造成的，不了解自己根本不适应官场的尔虞我诈，纸醉金迷。

老子说：“自知者明。”意思是说，一个人只有正确而全面地了解自己、认识自己，明白自己的长处和短处，这样做起事来就不糊涂，事情也做得得体大方。

现实生活中，有的人太看高自己了，谈论起来头头是道，可做起事来常常束手无策，力不从心；有的人心怀鸿鹄之志，可真给他施展才华的空间又往往大不如意，令人抱憾；有的人妄自尊大，目中无人；有的人故步自封，不思进取；有的人利令智昏，忘乎所以……他们大多是不知自己深浅几何，缺乏做人应有的自知之明。明明是自欺欺人，还动辄腾云驾雾地飘飘然起来。

当然，也有另一种人，认为自己一无是处，看谁都比自己好，自惭形秽，自卑自哀，不敢抬头见人，以至于忧郁、苦闷不能自拔……他们太低瞧了自己，自己能干的事也不去干，看不到自己潜在的能力；本来自己能有所为而不敢为，前怕虎、后怕狼，缺乏坚定的信念与必胜的信心，结果丧失了机遇。这是缺乏自知的另一种表现。

如何认识自己呢？首先要有自知之明的心灵愿望，要有敏锐的目光、理智的头脑和直面现实的勇气。只有敢于正视自我、剖析自我，反思自己的所作所为，明了自身的长短优劣，不断矫正自己，才会真正发现自己的价值。同时，还要有自知之明的内在主动。

人是看不见自己脊背的，这就需要借助别人这面“镜子”来观察自己，多听别人对自己的评价，有助于反思自我、审视自我、把握自我，更好地了解自己，认识自己。当然，要借助别人，自己必须诚心实意，别人这面“镜子”才会是平面镜，而不是“哈哈镜”，别人对你的评价，才真实、可靠，才有益于自己全方位认识自我。

8 谁说吃亏不是福

用一时一地的吃亏换来一生的幸福、坦然，这是占了最大的便宜。

郑板桥题写的“难得糊涂”在社会上随处可见，已成为附庸风雅的招牌。而他题写的“吃亏是福”，在人们的宅第书斋中出现过几次呢？

在这个物欲横流的社会，人人奉行功利主义，眼睛只盯着功名利禄，怕吃亏是最为常见、最为普通的一种心态了，谁肯吃亏呢？人们不仅不想、不能、不愿、不甘吃亏，更是恨不得互食尔肉，寸土必争，锱铢必较，谁会喜欢替他人做嫁衣？

人吃了亏，总不免满肚苦水，满腔怨恨，一副苦大仇深的样子。何“福”之有？于是乎，生活中总是有人处处留个小心眼，抢个“先手棋”，别人有的我要有，别人没有的咱千方百计要点小手段也要有。这些人觉得占了便宜，生活中自是恃才傲物，风光无限。

万里长城今犹在，谁见当年秦始皇？古往今来，我们看到的是人不能把钱带进坟墓，而是钱把人送进了坟墓。那些怕吃亏的人争了一生，斗了一生，与天斗、与地斗、与人斗，斗得昏天黑地，争得你死我活，等到岁月迟暮时，屈指一算，得者几何，失之多多。这时静下心来想一想，做一个与世无争的人又会怎么样呢？

“不以物喜，不以己悲”是郑板桥的养生长寿之法。他一生为人处世，始终不求名利，不计得失。虽老是吃亏，一生坎坷，但他始终能以乐观的心态对待。他做官时，因为在灾荒之年为灾民请

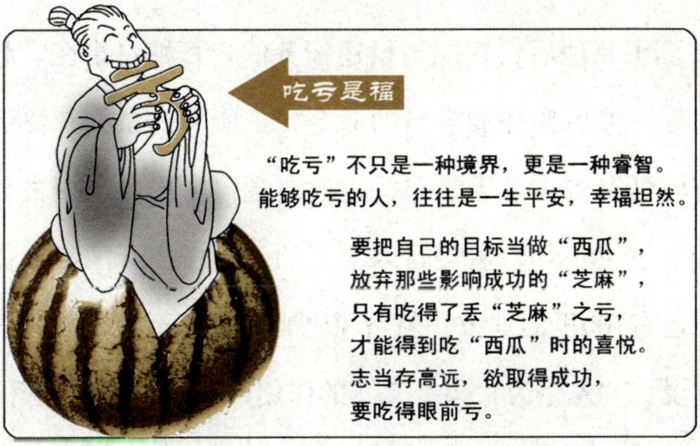

求赈济触犯了上司，结果被罢官。对此，他并没有忧郁沮丧，也不为官场失意而郁闷不乐，而是骑着毛驴悠然回到故乡，从此专注于诗、书、画，安然幸福地过着晚年生活。

看来，郑板桥是深切体会到老子“夫唯不争，故天下莫能与之争”这句话的意义了，并把这句话简化为“吃亏是福”四个字。

“吃亏”不只是一种境界，更是一种睿智。能够吃亏的人，往往一生平安，幸福坦然；不能吃亏的人，在是非纷争中斤斤计较，局限在“不亏”的狭隘的自我思维中，最终失去的反而更多。现实生活中，某些贪小便宜的人常常因小失大，他们在与某些老实人的交往中虽然得到了眼前一点利益，可因而失去了最起码的做人的诚信与尊严。这样的人一次两次犹可原谅，可是久而久之谁还敢与他交往呢？反之，这些老实人表面上失去了一点点利益，可是他们因此赢得了人们的同情，得到了人们的尊重，也赢得了好的声誉和长远的利益。

战国时期，门客冯宣自告奋勇为孟尝君去薛地收债，临行前问：“债收回后，需要替你买些什么呢？”

孟尝君答：“你看我家缺些什么就带回什么吧。”

冯宣到了薛地后，把应当偿还债务的老百姓召集在一起，验对他们的票据，然后假托孟尝君的命令，把所有的票据都烧了。回来后，冯宣将情况告诉了孟尝君，孟尝君觉得无缘由的损失了一笔，脸露不快。过了一年，孟尝君因齐王的不信任离开国都前往薛地。在离薛地还有100里的地方，就看见老百姓前来迎接他。孟尝君感慨地对冯宣说：“先生为我买‘义’的作用，我今天才看到啊。”

表面上看，冯宣让孟尝君放弃了暂时的“利”，但实际上他赢取了日后的人心。这个故事对如何看待吃亏仍有借鉴意义：要把自己的目标当做“西瓜”，放弃那些影响成功的“芝麻”，只有吃得了丢“芝麻”之亏，才能得到吃“西瓜”时的喜悦。志当存高远，欲取得成功，就要吃得眼前亏。

9 知止才可以不殆

人的贪欲是个无底洞，“知止”既需要智慧，也需要定力。

老子说：“夫亦将知止，知止可以不殆。”意思是说，为人做事知道适可而止，就没有什么危险了。在立身处世中，说话更要适可而止，否则，言多必惹祸。

杨修是三国时知识分子中的精英，被曹操任命为身边的高级谋士。杨修虽然很聪明，但也很糊涂。他明明知道曹操有很大的疑心病，还管不住自己的嘴，屡犯曹操之忌而不自省。

曹操为了防备身边的侍者，故意设了一个局。有一次，曹操白天睡觉，故意把被子弄到地上，一位侍者上前捡起被子为曹操盖上时，曹操举剑刺之。曹操杀了人后，仍然打着呼噜，佯装睡着了不知情。等他醒来的时候，还故意问：“谁杀了我的侍者？”

问明原因后，曹操故作悲痛，将侍者厚葬。别人见曹操如此，要么真的以为曹操是在梦中杀人；要么是心里明白，但也附和着是曹操梦中无意杀了人。

只有杨修指着侍者的尸体说：“丞相非在梦中，君乃在梦中耳！”

一语点破了曹操精心设计的局，怎么不引起曹操的忌恨呢？结果，曹操在南征汉中时，终于找了一个借口，把年仅34岁的杨修斩于军中。

人的贪欲是个无底洞，“得陇望蜀”是普通人的心理常态，能够“得陇”而拒绝“望蜀”，没有智慧和定力是绝对做不到的。

为人做事要适可而止，知道自我制约，适可而止。

利

知足

正确对待名利。
任何事物都有个极限，
做人不知收敛，
得寸进尺，一味争名逐利，
凶险和灾祸也会随之降临。

知止

要正确对待事业和人生。
始终抱着适可而止的态度，
在生活上保持低调，
就会“知止而静”。

“天下熙熙，皆为利来；天下攘攘，皆为利往”，人们之所以既不容易“知足”，更难得“知止”，皆因一个“利”字。所谓“身后有路忘缩手，眼前无路想回头”，就是对那些既不“知足”、更不“知止”者耽于窘境的极好描述。这两句话最为绝妙的地方在一个“忘”字上。“忘”什么？忘了人生的要义，忘了“既得”的后果，忘了“足”的现状，忘了“止”的理智。人一旦利欲熏心，得意忘形，便会头脑发昏，忘乎所以，便很容易一个跟头栽进深渊里，再也爬不起来。庄子说的“鷦鹩栖迟，不过一枝；偃鼠饮河，

不过满腹”，是再平常不过的道理。

一个人能够真心地感觉“知足”，已属不易；若是能够做到“知止”，则非具备大胸怀不可。弘一法师身具大智慧，出家前曾为一位朋友写过一幅字，他自己认为这幅字说出了人世间的“一个大道理”。所谓“大道理”，其实就是“知止”二字。可见，“知止”是人生的大境界、大关节，能够读懂这两个字的人，必是高人、智者和大擘。

《大学》有云：“为人君，止于仁；为人臣，止于敬；为人子，止于孝；为人父，止于慈；与国人交，止于信。”不同的人、不同的事有不同的“所止”，关键在于明确身份，把握好角色，时时、事事、处处做到“知止”。一方面，要正确对待名利；另一方面，要正确对待事业和人生。始终抱着适可而止的态度，“知止”不争，这样在生活上就一定会保持低调，就会“知止而静”。

10 爱叫的狗不咬人

高尚和美好往往在朴素的外形中，抛却世俗的浮华偏见才能欣赏到。

老子说：“大方无隅，大器晚成，大音希声，大象无形。”意思是，最方正的反而没有棱角，贵重的器物总是最后完成，最美的声音听起来反而无声响，最大的形象好像没有形体。“大方”、“大器”、“大音”、“大象”已经到了和自然融为一体的境界，反倒给人感觉不到感觉。

如果牢记并确切理解这十六个字，就不会轻易地被表象的迷惑。那些高尚的人、美好的事，往往处在朴素的外形之中，我们需要抛却障眼的浮华和个人偏见，去伪存真，才能得到一个清晰的世界。

孔子走到陈国和蔡国之间的时候，穷困不堪，连野菜汤也喝不上，七天都没有吃到一粒粮食。他的弟子颜回找到一点米，赶紧煮上。饭快熟的时候，孔子看到颜回用手抓锅里的饭吃。饭熟了，颜回请孔子吃饭，孔子装作没有看见颜回刚才抓饭吃这件事。

孔子说：“刚才我梦见祖先，要我把最干净的饭食送给他们。”

颜回回答道：“不行，刚才有灰尘掉进锅里，有些饭弄脏了，丢掉不好，我用手把它抓出来吃了。”

孔子听了叹息道：“我相信自己的眼睛，但眼睛看到的还是不可信；我所依靠的是脑子，但脑子有时也靠不住。你们要知道，了解一个人确实不容易啊！”

大方无隅　大器晚成　大音希声　大象无形

不轻易地被表象迷住双眼，能有效分辨出谁是朋友，
谁是敌人，谁是君子，谁是小人。
那些高尚的人，美好的事，往往在朴素的外形之中，
我们需要抛却障眼的浮华和个人偏见，去伪存真，
才能得到一个清晰的世界。

孔子的话饱含着丰富的哲理。世间万物，千变万化，纷纭复杂，现象与本质并非那么一致，要想认识清楚谈何容易？如果有人故意设置障眼法，以假乱真，则为我们的认识增加了更大的难度。

知人之所以不易，是因为人是很复杂的动物。人既有其闪光点，也有其阴暗面，两者处在一个矛盾统一体中，这就使人们很难准确地认识和把握人的真相和本质。

另外，在识人时流于主观也会导致失误。历史上聪明过人、谋略出众的诸葛亮也难免会犯这类错误。他曾错用马谡，遭致失街亭之败，而在该大胆使用魏延这类创新人才时，反而猜疑之、排斥

之，最终导致“蜀中无大将，廖化做先锋”的可悲后果。

人的认识常常被自己的喜好所支配。这对人的认识既有促进作用，也有误导作用。如果认识到这一点，还可调整自己的判断；如果没有这种自觉，而且固执己见，认为自己喜欢的就是好的，自己不喜欢的就是不好的，那可就麻烦了。

识人要立体地看、长远地看，既不能囿于一时之成见，也不能拘于一己之得失。唯有如此，才能尽可能全面地、客观地去了解、认识一个人。正如古人所说：“必见其阳，又见其阴，乃知其心；必见其外，又见其内，乃知其意；必见其疏，又见其亲，乃知其情”。

11 人生难得一知己

真正的朋友是心的相互置换：你心置于我腹，我心置于你腹。

惠施是庄子的好朋友，他们经常在一起辩论，有时言辞还十分激烈，但争论并没有妨碍他们之间的感情。可惜惠施死在庄子之前。

有一回庄子为他人送葬，经过惠施的墓地，显得十分伤感。他回过头来对送葬的人说：“从前，楚国的郢都有一位泥瓦匠，有一次在干活时，鼻尖上沾了一点儿白灰浆，薄薄的一层，像苍蝇翅膀一样。于是这位泥瓦匠就让石匠用斧子帮他把这点灰削掉。石匠二话没说，挥动板斧，呼呼有风地劈了下去。再看，那点儿白灰浆果然没有了，而鼻子却丝毫没有损伤，泥瓦匠站在那里神色泰然。宋国的国君宋元公听说这件事后，便把石匠召来，对他说：‘我鼻子上也弄点儿灰，你为我试试看。’石匠回答说：‘以前我的确用斧子削去朋友鼻尖上的白灰，可那是因为我的朋友和我配合默契我才可以做到的，现在我的那位朋友已经不在人世了，所以我再也不能表演这项绝活了。’”

庄子讲完故事，十分伤心地看着惠施的坟墓，长叹了一口气，说：“我现在好比那位石匠啊，自从惠施去世以后，就再没有合适的人与我辩论了，也找不到合适的人与我对话了。”

庄子深切怀念惠施，是因为他失去了一位意气相投的论辩对手，失去了一个知音；石匠因为没有了朋友的合作，就再也无法施展他的技能了。可见，拥有一个知己是何等的重要。真心朋友之

朋友不在多，而在精。
知己难求，在我们人生中更应该多交些能同自己共同进步的知心好友。

间的合作和切磋、鼓励和帮助乃至批评和争论，都会对一个人的成功有很大的促进作用。人生得一知己难矣，真正的朋友不在巧言令色，贵在灵犀相通。

俞伯牙是春秋战国时期著名的音乐家，他的琴声优美动听。虽然有许多人赞美他的琴艺，但他却认为自己一直没有遇到真正能听懂他琴声的人。有一天，俞伯牙坐船时琴兴大发，他又弹起了琴，有一个砍柴人钟子期闻声，便过去看伯牙弹奏。伯牙把他请到船上，为他弹奏了几首曲子。

当琴声高昂激越时，子期赞叹道："太好听了！微微峨峨，似如泰山。"当琴声弹出奔腾回荡的流水时，子期又说："太好了，多么宽阔，有如浩荡的江水一般。"

伯牙激动地对自期说："世上只有你才能听懂我的心声，你真是我的知音啊！"

从此，两人结为好朋友。后来，伯牙去钟子期家拜访，但子期已经不幸因病去世了，伯牙悲痛欲绝，在子期的墓前为他弹奏了一曲，然后将自己心爱的琴摔断，从此不再弹琴。

朋友如醇酒，味浓而易醉；朋友如花香，淡雅而芬芳；朋友如春日里的细雨，细腻又满怀诗意。平生修得随缘性，粗茶淡饭也知足。真挚的友情就像一盏明灯，给我们的生活增添了光彩，也带给我们一种快乐、积极、奋发向上的心境。我们可以失去很多，但我们不能没有朋友。

古希腊盲人诗人河马说过："真正的朋友是一个灵魂寓于两个身体，这两个灵魂只有一个思想，两颗心的跳动是一致的。"

朋友不在多，而在精。知己难求，在我们的人生中更应该多交些能同自己共同进步的知心好友。正如有些人所说，"当你真正交到一位知己时，就正如同你又获得了一次新生"。

12 真相与假象之别

"朝三暮四"和"朝四暮三"只是同一事物的不同表现形式罢了。

庄子讲过一个"朝三暮四"的故事。

有个养猴子的老人，每天早晚各分给每个猴子四颗橡子。可是有一年因粮食歉收，他就想把每天的橡子由八颗减少为七颗，于是他对猴子们说："从现在开始，我每天早上给你们每人三颗橡子，晚上还是照常给你们四颗橡子，怎么样呢？"

这群猴子听了，吵吵嚷嚷，跳来跳去，非常不高兴。老人连忙改口说："那么我早上给你们四颗橡子，晚上再给你们三颗，这样该可以了吧？"

猴子们听了，高兴地在地上打起滚来。

猴子毕竟是动物，它们没有多少智慧和判断力，聪明的主人只是把早上的三颗橡子和晚上的四颗橡子换了一下，猴子就认为早上又吃得和以前一样多了，于是高兴起来。殊不知，这里只是分配方式发生了变化，而总量却没有改变，猴子被轻易地蒙骗了。

这则寓言包含很深远的意义。庄子是要告诉人们，一定要透过现象看到本质，不能被假象蒙蔽住双眼。"朝三暮四"和"朝四暮三"只是同一事物的不同表现形式罢了。

所以，人们在看问题时首先需要进行正确的判断，全面透彻地观察。当然，表象的事物不一定都是负面的和不好的。我们只有用清醒的头脑客观地去看待，才不会让自己遗憾和后悔。

一个盲人和他的导盲犬在马路上被卡车撞死了，当他们的灵魂升入天堂后，守门的神仙对他们说："现在天堂里只剩下一个名

额，你们中有一个必须得下地狱。”

盲人一听赶忙说：“我的狗自己不能决定该进天堂还是该去地狱，就由我来决定吧。”

神仙听了顿时对盲人充满鄙夷，心想：这主人太自私了，这条狗连死都陪在他主人身边，可它主人却说了这样无情的话。为了能让这条忠实的狗进入天堂，神仙想了个主意，他对盲人说：“不好意思，死后每个灵魂都是平等的，你们就通过赛跑来决定吧，由这跑到天堂的大门，谁先到达目的地，谁就可以进天堂了。而且你现在只是一个灵魂，不再是瞎子了。我这样做不也是很公平嘛。”

盲人思索了一番，便答应了。

随着神仙的一声口哨响，比赛开始了。神仙原以为盲人为了能进天堂会拼命地奔跑，可没想到盲人慢吞吞地走着，而那条导盲犬也没有奔跑，它依然跟随在主人的身旁。可见，这条导盲犬已经跟随主人多年，它对主人有了依赖，所以会一直跟着主人的行动。而主人正是利用了这一点，才这么不慌不忙地走着。等到天堂门口让狗停下，他便能很轻松地进入天堂了。

看着这条忠心耿耿的狗被主人欺骗，神仙的心里更加对主人充满了憎恶。他着急地大声对狗说：“你的主人现在已经不是瞎子了，你也不用再替他引路，快跑进天堂吧，那里有很多美好的东西在等着你呢！快跑啊，加油！”可是，这话没有对狗和它的主人产生任何作用，他们依然慢吞吞地往前走着。渐渐地，他们离天堂的大门越来越近了。盲人突然对狗说了几句话，狗立马听话地蹲下不动了。

盲人露出了笑容，平静地对神仙说：“我终于完成了我的心愿，能把我的狗送到天堂了，知道吗？它陪伴我这么多年，这是我第一次可以亲眼看到它的模样啊。好舍不得，所以为了能多看它一眼，就忍不住慢慢地走着，慢慢地进行着这场比赛。现在天堂到了，这是它该去的地方，请你替我好好照顾它吧。”

说完这席话，主人向狗发出了继续前进的口令，狗立刻跑了起来，就在狗快要跨进天堂大门的那一刻，盲人也渐渐地坠向了地狱。他的狗看见这种情形，急忙转过身子向着主人的方向狂奔过去。

神仙想追上前去拦住狗，可没能拦得住，导盲犬跟着主人一起下了地狱，永远守护着它的主人。神仙叹了口气：“哎！我一开始就错了，原本这两个灵魂就是一体的，他们是不可以分开的！”

人生中，我们有时拥有的东西很多、很乱，诱惑我们的事物也很多。所以，我们得学会辨别和判断，以冷静的心态去面对生活中遇到的方方面面。同时，警惕“朝三暮四”，不能凭自己的主观，也不能靠表面的形式和内容去做事。

13 用宽阔胸怀对待人

世界上最宽阔的是海洋，比海洋更宽阔的是天空，比天空更宽阔的是心灵。

《庄子·杂篇·庚桑楚》中指出：“与物穷者，物入焉；与物且者，其身之不能容，焉能容人！不能容人者无亲，无亲者尽人。”意思是说，用宽阔的胸怀来对待万物，则能包容万物；而胸怀狭窄连自身都容不下的人，怎么能容忍他人！不能容忍他人的人，亲人和朋友都会远离他；没有了亲朋好友，就会自绝于人。

每个人在工作和生活中总会遇到各种烦心的事，难免与别人磕磕碰碰，产生矛盾。如果你不让我，我不让你，大家都不会觉得愉快，还会影响到自己的工作和生活。所以，要学会调整自己，用宽阔的胸怀去包容别人，做到大事化小，小事化了。

一个乡村里住着一对清贫的老夫妇，他们打算把家中唯一值钱的一匹马拉到市场上卖掉，以换取一些急需的东西。

这天，老头子牵着马儿早早就去赶集了，他先与一个人换得了一头母牛，接着又用母牛去换了一只羊，再用羊换来一只肥鹅，后来又用鹅换了一只母鸡，最后用母鸡换了一大袋烂苹果。在每一次的交换中，他总是想着要给老伴一个惊喜。

当他扛着一大袋烂苹果来到一家小酒店歇息时，碰到了两个英国人，闲聊中他谈到了自己赶集的经过，结果两个英国人听得哈哈大笑，说他回去准挨老伴一顿揍。老头很有信心地说：“绝对不会的，老伴肯定不会生气的。”

于是，这两个人就用一袋金币打赌，如果老头回家未受老伴任

何责备，金币就归他了。三人一起回到老头子家中。

老伴看见老头子回来了，显得非常高兴，又是给他递毛巾擦脸又是给他倒水喝。老头子毫不隐瞒地讲了他赶集的过程。

每听老头子讲到用一种东西换了另一种东西时，老伴都予以肯定。

“哦，我们有牛奶了！”

“羊奶也同样好喝！”

“哦，鹅毛一定很漂亮！”

“我们有鸡蛋吃了！”

最后，当听到老头子说背回一袋已开始腐烂的苹果时，她不仅不怒，反而高兴地说：“呵呵，今晚我们就可吃到苹果馅饼了！”

结果，两个英国人输掉了100多磅金币。

莎士比亚说过：“世界上最宽阔的是海洋，比海洋更宽阔的是天空，比天空更宽阔的是人的心灵。”宽容好似一缕温暖的阳光，它可以化解人们心中的坚冰，让彼此活得更加自在、融洽。即便错的确实是别人，也不要生气，因为生气往往是拿别人做错的事来惩罚你自己，这会使自己的心情更糟糕。要知道，能宽容别人是一种喜悦，而被别人宽容是一种幸福。

安德鲁·马修斯在《宽容之心》中这样写道：“当你的一只脚踩到了紫罗兰的花瓣上时，它却把芳香留在了你的脚上，这就是宽容。”

14 不要做井底之蛙

井底之蛙并不可笑，可笑的是死不承认自己是井底之蛙。

《庄子·秋水》里讲了这样一个故事。

夏天，洪水泛滥，千百条川流都汇入黄河，河道变得极为宽阔，隔水相望，两岸洲渚崖石之间，连牛马的形状都分辨不清了。这种壮观景象令河伯（黄河之神）洋洋得意起来，以为天下所有的美景全都集中在自己这里了。

他顺着水流向东走，到了北海。向东纵目瞭望，只见汪洋一片，竟看不见大海的尽头。这时河伯方收敛起洋洋自得的笑容。

他仰望北海若（北海之神）而无限感慨地说："俗语说，'听到了许许多多的道理，便以为没有谁比自己的学问大'，说的正是我这种人呀。而且，我还听有人说孔子的见闻学识还比较少，伯夷的节义并不是特别高，开始我还不相信，现在我看到您这样浩瀚无穷，才知道这话是真的啊。倘若我不到您这来看一看，那是多么危险，我将会永远被通晓大道的人所嗤笑了。"

北海若说："井底之蛙，没法跟它谈海之大，因为它被狭小的生活环境所局限；春生秋死的昆虫，没法跟它谈论冰雪，因为它受到生存时间的限制；孤陋寡闻的人，没法跟他谈论大道，因为他被狭隘的教育束缚住了。现在你走出了河岸，看到了浩大的海，才知道自己的浅陋，这就可以同你谈论大道理了。天下的水，没有比海更大的了，千流百川都归注于海，不知道什么时候才停止。"

原来一直自鸣得意的河伯到了大海以后才知道大海的宽阔与

人不能局限于自我满足，
生于忧患而死于安乐，
一种无忧无虑的生活
会让人失去压力，
继而失去继续拼搏的动力，
看不清自己的不足，
只看到自己的优点或成功。

博大，才发现自己的封闭和局限。而井底之蛙头顶上只有那一片天空，居然向大鳖自豪地炫耀：“我快乐极了，出来活动就可以在井栏上蹦蹦跳跳，进去休息就回到井壁的破砖边上。入水而游，水就浮起我的臂腋，支撑着我的下巴。踏入泥中，深泥只能淹没我的脚背。我蹲坐在井中央，环顾四周的赤虫、螃蟹和蝌蚪，都不如我这般的逍遥自在啊。我独占了这一池井水，跳跃其间，真是快乐到极点了。先生，你为什么不经常到我这看看呢？”

东海大鳖的左脚还没跨进去，右膝盖就被绊住了，于是只得慢慢地退了出来，就把大海的样子讲给井蛙听：“千里路的遥远不足以说明大海的广阔，几千尺的高度不足以量尽它的深度。大禹的时代，十年九涝，海水也不见增加；商汤的时代，八年七旱，海水也不见减少。那种不因时间的长短而改变，也不因雨量的多少而增减的浩瀚之感，就是我住在东海的最大快乐啊！”

井底之蛙听了，惊奇得目瞪口呆，茫然失色，本想向东海之鳖炫耀自己的天地，可结果发现自己的眼界是何等的狭小。

天地之大，事物之多，谁也无法穷尽对它们的认识。做一只井底之蛙并不可怕，可怕的是他不知道自己是井底之蛙，还以为自己很了不起，所以，他永远都不明白别人为什么嘲笑他是一只“小青蛙”。“登东山而小鲁，登泰山而小天下”，强中更有强中手，山外更有高山耸立，人不能因为自己取得的某些成绩就沾沾自喜，知道那些自鸣得意的人很可能如同河伯和井底之蛙一样愚昧可笑，跳出自我的狭隘，以一种更高、更远的视野去开拓进取，这样才会有长足的发展和成功。

伍

圆与缺

把生命的残缺变成圆满

1 饭要一口一口吃

在一种浮躁的氛围中，有多少人能厚积薄发，能铁杵磨针？

老子说：“企者不立，跨者不行。”意思是，如果踮着脚跟，反而会因过高而站不稳；想大步快行，说不定摔一跤，反而影响前进的速度。

有个书生要进县城，便吩咐小书童用木板夹捆扎了一大叠书随行。这个时候，太阳已经落山，傍晚的烟雾缠绕在树头上，可距离县城还有约二里路。于是他问摆渡的艄公：“我们能在南门关闭之前赶到吗？”

摆渡的艄公仔细打量了书生，回答说：“慢慢地走，城门还会开着；急忙赶路，城门就要关上了。”

书生听了有些动气，认为艄公在戏弄他，怎么会呢？慢走进城城门会开着，快走城门还会关上？书生带着小童便快步前进，刚走到半路，小书童摔了一跤，结果，捆扎书的绳子断了，书散落了一地。

等到书生把书理齐捆好，前方的城门已经下了锁。这时，书生才醒悟到摆渡艄公的话的道理。

那些因为急躁鲁莽给自己招来失败、弄得昏天黑地到不了目的地的人，都是犯了气躁性急的毛病。性子急，容易头脑发热，感情冲动，忽视事物发展的过程和规律，把自己的主观判断强加于人，结果事与愿违。一味地求急图快，违背事物的客观规律，后果只能是欲速则不达。一个人只有摆脱了速成心理，一步步地努力，才能

达到自己的目的。

有个中学生很喜欢研究生物，很想知道蛹是如何破茧成蝶的。一次，他在草丛中看见一只蛹，便取了回家，日日观察。几天以后，蛹出现了一条裂痕，里面的蝴蝶开始挣扎，想抓破蛹壳飞出。蝴蝶在蛹里辛苦地挣扎了好几个小时，小孩看着有些不忍，想帮帮它，于是便拿起剪刀将蛹剪开，蝴蝶破蛹而出。但他没想到，蝴蝶挣脱蛹后，因为翅膀不够有力，根本飞不起来，不久，痛苦地死去了。

看看我们的周围，有多少个“少年作家”、“少年诗人”、

“书画神童”……有多少媒体在报道“某某炒股，一夜暴富”、“某某买彩票，中了500万”、“某某几天完成一部文学巨著”……有多少广告在宣传“速成班一个月就能够培养成专家”、“40天就能够养成的大公鸡”、“3个月就长到200斤的猪”……在如此浮躁的氛围中，还有多少人能墨守厚积薄发，还有多少人能遵循铁杵磨针……

我国历史上的也有一些名人急于求成的例子，但他们在追求速成的过程中发现了问题，又转向了下苦功夫，最终成就了永恒。

宋代著名的思想家、哲学家、教育家朱熹就是个典型的例子，他是个绝顶聪明之人，十五六岁就开始研究禅学。而到中年之时才感觉到，速成不是良方。于是，他坚信“欲速成则不达”这句话，之后下苦功夫，终于成为我国继孔孟之后的一代宗师。他的哲学观点影响我国封建社会末期长达600多年，迄今仍对中国传统文化的发展起到承先启后的作用。

老子是个有心人，他把那种轻躁求远、好高骛远的现象归纳成“企者不立，跨者不行”两句名言。

2 处其厚不处其薄

厚道的人即使独处，也不想、不说、不做恶事，坦坦荡荡地生活。

冯小刚的电影《手机》里有这样一句简单的台词："做人要厚道。"这句话一时成为茶余饭后的时髦语。细细一琢磨，"做人要厚道"不正是老子所讲的"大丈夫处其厚，不处其薄；居其实，不居其华"的转译吗？

在这个多元化的社会，我们所遇到的各种诱惑远远多于老子所生活的时代。面对各种五光十色，有些人认为做人无需厚道、淳朴，他们甚至把厚道等同于傻气、窝囊，是跟不上时代步伐的表现。

我们该怎么做人？我们该置身何处？

柏拉图在《理想国》中讲了这样一则寓言。

牧童吉克斯从死尸上摘下一枚黄金戒指。这枚戒指具有神奇的力量：把它往内转，自己就不会被周围的人发现；把它向外转，自己又现身。于是，牧童就用这枚魔戒，先与王妃私通，后又杀死国王，掌握了权力。牧童因为拥有魔戒，所以他不必担心害怕被人发现。

柏拉图问我们："假如你不必担心害怕别人知道你做了什么事时，会不会就此为所欲为？甚至脸不红、心不跳地做起坏事来？"

因为怕人知道才不做坏事，或因为怕恶行败露受歧视才做正经事，这种人的心中本来就没有"厚道"两个字。老子最看重人的敦厚、质朴，所以他说："大丈夫处其厚，不处其薄；居其实，不居

其华。”

厚道的人即使一个人独处，也会光明磊落，不想、不说、不做恶事，坦荡荡地生活。

古希腊著名的雕刻家菲狄亚斯被委任为雅典的帕德嫩神殿制作雕像，他很认真地雕刻着这尊位于雅典山丘最高点的巨大雕像。别人对他说：“除了雕像的正面，我们什么也看不到。你雕刻背面何必也那么认真呢？”

菲狄亚斯却说：“你错了，上帝看得到。”

菲狄亚斯对事情的认真态度反映的正是做人的品格。认认真真、踏踏实实地工作正是人生中一个既简单又深奥的哲理。

做人要厚道，首先和重要的一条是不要害人。常言道："害人之心不可有，防人之心不可无。"争功诿过，甚至同室操戈，设局陷害他人，乘人之危，落井下石，凡此种种，都是做人极不厚道的表现。刘备临终时嘱咐他的儿子刘禅"不以小善而不为，不以小恶而为之"。

做人要厚道，就要做到待人诚恳，要真心实意，不要虚情假意；要光明磊落，胸怀坦荡，不要当面一套、背后一套；要做到言而有信，不要撒谎骗人；要做到互相信任，不要疑神疑鬼，以小人之心度君子之腹。

但是，厚道并不是窝囊，而是包容和悲悯别人很多过错，可以设身处地地站在别人立场想问题。当然，一个人一时一事厚道并不难，难的是时时厚道、事事厚道，一辈子厚道。

3 以什么态度闻道

人的眼睛只长在前面，永远无法像双面神雅努斯那样同时看清前后。

老子早就说过："上士闻道，勤而行之；中士闻道，若存若亡；下士闻道，大笑之。不笑不足以为道。"意思是说，优秀的人听说了"道"，晓得"道"伟大而真实，所以便努力不懈地去实行；一般的人听见了"道"，由于识见不足，不清楚"道"的本质，所以觉得"道"似有似无，似真似假；愚昧的人听见了"道"，由于识见浅薄，根本不晓得什么是"道"，所以便大笑起来，以为荒唐不经，一派胡言。其实，正因为愚昧的人讥笑，才显出"道"的高深奥妙，非一般庸俗之人所能体会。

有人当面质问爱因斯坦："时间会变短，质量会变轻，你的'相对论'纯属无稽之谈。"

爱因斯坦不但没有生气，反而请他坐下喝咖啡，然后面带微笑地问："我来问你一个问题，如果有一个年轻漂亮的姑娘，你非常为之心动，你和她在一起约会了两个小时，你会觉得时间长还是短？"

这人不假思索地回答："我会觉得只约会了两分钟。"

爱因斯坦又问："我再来问你，如果有一个老太婆，长相非常不好看，她和你在一起呆了两个小时，你会觉得时间长还是短？"

这人还是不假思索地回答："我会觉得比两天还长。"

爱因斯坦告诉这人："这就是'相对论'"。

爱因斯坦所体现的精神，正如老子所说："明道若昧，进道若

退，夷道若颣。”意思是，明白道理的人，因为跟不明白道理的人的见识不同，反而看上去很愚昧；按照道的原则来出世行事的人，因虚心尊重万物本有的规律，则显得退退缩缩。在真理大道上行走的圣人，虽然内心坦然、明澈，但始终谨小慎微，故而若似崎岖。

老子之言，虽然说的是不同的人对“道”的不同态度和看法，但对现实生活中的许多问题都有很强的解释力。由于天赋不同，知识有差异，价值观念和利益不一致，对同样的事和物，有的人能理解和领会，有的人却永远也不明白。

很多人也许会觉得盲人摸象很可笑，但是认真思考一下，你会发现其实我们每个人都是程度不同的瞎子。台湾电影《一一》中，阳阳是个纯真的小男孩，但他也有自己的苦恼，他抱怨说：“我只能看到前面有什么，却看不到后面有什么。”于是，他总是把相机对准别人的后脑勺，告诉大家眼睛只长在前面，无论你自以为多清楚眼前的世界，人还是无法看到身后的世界。

中国有句古话：“听锣听声，听话听音。”说的是对同样一句话，有的人能听出话外音、言外意，正确理解说话者的真实意图；有的人太实在，看到一个指头就是一，两个指头就是二

西方哲人歌德有句名言：“思想家最精美的成就是理解所能理解的东西，同时默默地尊重不能理解的东西。”

思想家尚且如此，何况我们一般人了。因此，我们应该从下士做起，向上士的目标努力，多聆听古今中外的大哲人从杰出的头脑中产生出来的“道”，那么，我们的人生、事业将会更上一层楼。

4 善救物故无弃物

圣人的心与万物合而为一，对任何事物都没有毁损与轻弃的念头。

老子说："是以圣人常善救人，故无弃人；常善救物，故无弃物。是谓袭明。"意思是说，真正的至善之人，要有救度天下之人的誓愿，时时刻刻都不会将这个誓愿忘记，因此天下的人，也时时刻刻没有忘记他的恩德。像这种不必立下条约、不必交换信物的约定，是无法解开的，不像凡人经常以信物约定，或是立了契约书，好像用约定将两个人绑住，可是到后来，还是难免有一方失约。

所以，圣人具有至善的心境，他常常怀着善良的心去救助别人，而不嫌弃人的贵贱与贫愚。他的心与万物合而为一，无论对动物还是植物，他都没有毁损与轻弃的念头，这就是圣人承袭了古人的明德啊。

惠子有一次去见庄子，对他说："魏王送给我一个大葫芦，结出的葫芦能够装五石米。但用来盛水，因为葫芦皮太脆而提不起来；剖开来做瓢，又因为太大，水缸里放不下它。我看它一点用都没有，就把它砸掉了。"

庄子说："先生太不会使用物件了。我先给你讲个故事。"

宋国有个人善于制造一种治冻疮的药，而他们家世世代代都以漂洗絮子为生，因为有这种药，所以冬天他们的手在冷水里浸泡也不会冻裂。有人听说后，便出价百金向他们买药方。宋国人把全部的人都召集起来说："我们世代靠这个药洗絮子为生，但也挣不了几个钱。今天卖出这个药方就得百金，就给了他吧。"

物没有弃物，问题只在人会不会恰当地运用它。
道家崇尚万物平等，是宇宙法则的体现。

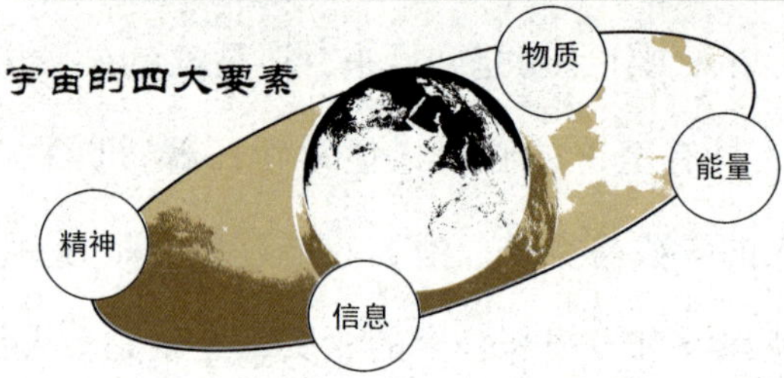

来买的人得到了药方，后又游说吴王受到重任。越王侵犯吴国时，吴王命他为将，冬天和越兵水战，大败越军。于是他获得了吴王给他的封地。同样的冻疮药，有的可以以此获封地、得富贵，有人免不了世代漂洗絮子。这就是会用和不会用的区别啊！现在你有可以盛五石米的葫芦，为什么不把它做成小舟在江上渡人，却忧虑它太大而将它砸掉了呢？看来你还是心窍未通啊！”

又有一次，惠子对庄子说：“我有一棵大树，名字叫做‘樗’。它的树干弯曲，满身是节瘤。小枝卷曲，不直不圆。尽管它长在大路边上，但木匠连看都不看它一眼。你老兄的话漫无边际，迂阔无用，跟这棵树一样。谁会赞同你呢？”

庄子回答他：“你难道没看见过野猫吗？它低身伏着，等那些到处跑的老鼠。它有时又没有耐性，东奔西跑，结果中了猎人的机关。它是一个大动物，却抓不住一只老鼠。现在有大树，却担忧它无用，何不把它放在广漠的原野，让刀斧伤不着它，人们在树下逍遥自在地躺着休息，这不正是它最大的用处吗？”

物并没有弃物，关键在于人会不会恰当地运用它。道家崇尚众生万物平等，都是宇宙法则的体现。万物有灵，是人类先民的普遍信仰。先民认为，不仅人有灵魂，日月山河、树木花鸟等无不具有灵魂。灵魂有独立性，人死后会离人而去，寄存于海洋、山谷、动物、植物或他人身上。而且，人的灵魂与宇宙万物的灵魂是相通的，可以相互转化。

宇宙是一个统一整体，物质、能量、信息、精神都是宇宙本体的不同表现形式，本质上是同一的。正因为四大要素在本质上的同一性、信息上的互含性，它们是可以相互转化的，宇宙才是一个有机整体。人类、动物、植物以及一切，在宇宙中都有存在的尊严，任何一部分都包含着精神的信息，只是潜显程度不同而已。

5 善救人故无弃人

没有一件物是不值得存在的，更没有一个人是不值得生存的。

道家非常重视人的作用，突出人的地位，反复抨击逆人本而行的各种错误的思潮。老子说：“道大，天大，地大，人亦大。域中有四大，而人居其一焉。”然而，对待不善的人、坏人，我们应该以什么样的态度呢？上一节我们说了没有一件“物”是不值得存在的，同样的道理，也没有一个人是不值得生存的。

所以老子主张，圣人总是善于救助不善良的人，没有可以遗弃的人。即使对于不善的人，也不因为他不善而鄙弃他，而是一方面劝勉他、诱导他，另一方面也让他成为善人。

常人往往看不起犯过错误的人，总以为自己比这种人高明。然而，一个表示自己从来没有过错的人，常常掩盖自己的过失，或者根本就是个伪君子。能从别人的过错中看到他们的优点，这样的人才是最聪明的人。

下面是一个古代梁上君子的故事。

东汉时期的陈寔是个饱学之士，远乡近邻的人因此都非常敬重他。陈寔不仅自己自觉自律，对儿孙们的要求也相当严格，常常抓住各种场合和机会教育他们。

有一年洪水泛滥，淹没了大片村庄和良田，成千上万的人无家可归，到处逃荒。因此，盗贼横行，天下很不太平。

一天夜里，有个小偷溜进了陈寔家，刚准备动手偷东西，忽然听得几声咳嗽，不好，有人来了。慌乱间，小偷一时找不到藏身之

一个人是高尚还是卑鄙，
不是看他在说什么，
而是看他在做什么。
浅薄的人以揭露别人的隐私为乐趣，
而睿智的人最能尊重别人，
即使是自己无法接受的人，
也能以其宽容启发他。
至善的人，他的言行很合乎大道，
就成为不善之人的老师，
不善之人的作为，
就成为至善人的资料。

处，他急中生智，顺着屋内的柱子爬到大梁上藏了起来，大气也不敢喘。

陈寔提着灯从里屋出来拿点东西，偶然间一抬头，瞥见了梁上的一片衣襟，他马上知道家里进贼了。可他一点都不惊慌，也不急着抓小偷，而是从容不迫地把晚辈们全都叫起来，将他们召集到外屋，然后十分严肃地说道："孩子们啊，品德高尚是我们为人的根本，在任何情况下，我们都应该对自己高标准、严要求，不能以任何借口放纵自己、走上邪路。有些坏人，并不是一出娘胎就是坏人，而是因为不能严格要求自己，慢慢地养成了不好的习惯，后来想改都改不过来了，这才沦为坏人。比如我家梁上的那位君子，就是这种情况。我们可不能因为一时的贫困而丢掉志气，自甘堕落啊！”

听了陈寔的一番教诲，躲藏在梁上的小偷吃了一惊，原来自己早就被发现了。同时，他又为陈寔的话所感动，他不但没抓自己反而耐心教育自己。小偷羞愧难当，就翻身爬下梁柱子来，向陈寔磕头请罪说：“您说得太好了，我错了，以后再也不干这种勾当，求您宽恕我吧。”

陈寔和蔼地说：“看你的样子，不像个坏人，也是被贫穷所逼的吧。以后要好好反省一下，要改还来得及。”

说完，他又吩咐家人取来几匹白绢送给小偷。小偷感激涕零，千恩万谢地走了。从这以后，这一带再没有发生偷盗之类的事情了。

2008年汶川地震之后，在范美忠因为一篇博客坦陈在汶川地震中的真切感受和行为而遭到千夫所指时，有个知名人士在电视上用“无耻”、“畜生”、“杂种”之类的字眼对范美忠进行了辱骂，这位人士情绪异常激动，中途甚至一度愤怒离场。事后，范美忠被网友冠以“X跳跳”、“X道德”之类的绰号。

批评和不批评范美忠，这是每个人的处世倾向和价值观念所决定的，没有一个标准答案。即使对范美忠的言论持不同观点，完全可以摆事实、讲道理，以理服人，绝不可以用侮辱人格的语言。

一个人是高尚还是卑鄙，不是看他在说什么，而是在看他在做什么。浅薄的人以揭露别人的隐私为乐趣，而睿智的人最能尊重别人，即使是对自己无法接受的人，也能以宽容启发他。而且正如老子所说，“至善的人，他的言行很合乎大道，就成为不善之人的老师，不善之人的作为，就成为至善人的资料”。

6 忍耐也是一种美

人们学会妥协和退让，是保全自己的策略，更是以退为进的智慧。

清代石成金的《传家宝·联瑾》中有一副对联是这样写的：

学张公写百忍图，受许多快乐；

得老子退一步法，讨无限便宜。

上联的“张公”，即唐代寿张人张公艺，其九世同堂。唐高宗祀祭泰山时，亲临其宅，公艺书“忍”字百余以进贡给皇上。高宗称善，命赐缣帛。“百忍图”指以张公艺名义写成的《百忍歌》。张公艺注重修身养性，而且特别专重一个“忍”字。

对此，明代清虚子评价说：“能其忍者，唯唐时张公一人而已。公自幼及老，事无论大小，人无论贤愚，莫不处之以从容，过之以乐易。在人见之为险阻者，公视之皆坦夷也。在人见之为艰难者，公视之若平易也。”

下联的“老子退一步法”，是指老子“贵柔”，不与人争的一系列主张。《老子》第二十八章云：“知其雄，守其雌，为天下溪”、“知其白，守其黑，为天下式”，“知其荣，守其辱，为天下谷。”意思是说，人们处世，虽深知什么是雄强，却要安于柔雌的地位，甘作天下的沟溪；虽深知什么是光明嘹亮，却安于暖昧的地位，不求人知；虽深知什么是荣耀，却安于屈辱的地位，甘作天下的低谷。

“知其荣，守其辱，为天下谷”是一种“退一步海阔天空”的大智慧，要求人们学会暂时的妥协和退让，以保全和发展自己，

从而获得或实现长远的和根本的利益。坚持原则，积极进取，通常来说是非常重要和必要的。但在有些特殊的情况下，为实现自己的整体利益、根本利益或长远利益，进行必要的妥协或退让也是无可非议的。必要的妥协或退让，带来的往往是生机、发展和福音。当然，妥协、退让不是无原则的，而应是适度、适宜的。

老子柔弱退让的主张，虽有其权术或消极的一面，但对于恬静养神却有好处。一个人，特别是中老年人，如果凡事做退一步想，淡定从容，知足常乐，对于保持心情的平和与身心的健康，无疑有积极作用。正如元代王德信在《集贤宾·退隐》套曲中所说：“退一步乾坤大，饶一著万虑休。”

鳄鱼是迄今发现活着的最早和最原始的爬行动物，冰川世纪时，食物极度短缺，鳄鱼凭借其运动量小、食量小、捕猎时用最少的体力消耗获得猎物等特点，逃脱了被灭绝的命运。最强大的霸王龙，虽然竭力奔跑追逐猎物，却因为获取的食物远不能满足其消耗，最终彻底灭绝。鳄鱼善于忍耐和等待的生存本领值得我们好好学习。

俗话说，“各人头上一片天”。每个人都拥有自己的一片天空，与其羡慕他人顶上亮丽的晴空，不如努力经营自己的一方天地，只要能以“知其荣，守其辱”的心态处世，必能筑造一个适情适意的人生。

人大多喜欢斤斤计较，利己克人，不愿意自己吃亏，有时甚至妒忌别人比自己好。但是，如果心胸广阔一点，待人宽容一点，以正确的心态对待，以正确的途径追赶，也许结果会两全其美。

有时，宽容就在一念之间，成败也在那一瞬间。

7 信与美的矛盾

美言则如乱坠的天花，常让人忘记了娇艳的玫瑰花也有扎手的尖刺。

电影中常常看见痴情男女拍着胸脯指天发誓“海枯石烂不变心”，这句话虽然好听，但经不起推敲。谁扪心自问过：如果沧海枯干了，石头也烂了，人类早已灭亡了。所以没有约定期限的诺言，是没有丝毫效力的。“海枯石烂不变心”只是善意的谎言。

人人都爱面子、爱虚荣，有自尊心，别人的恭维正好满足了人们的虚荣心、自尊心和价值感。因此，喜欢听好话也是情理之中的。甜言蜜语有时能让人变得自信，不过太爱听了就会沉迷于其中，忘掉了自我。

有这么一副对联，上联是：“奴手为拏，从今休拏奴手；”下联是：“人言是信，以后莫信人言。”

“信”是“人言”，可人言未必全都可信，古人不是早就说过“人言可畏”吗？众口铄金，积毁销骨，流言飞语犹如横飞的唾沫，我们自然不会拿它做自己的沐浴喷头；美言则如乱坠的天花，瓣瓣艳丽迷人，花香扑鼻，常让人忘记了娇艳的玫瑰花也有扎手的尖刺。

真话与谎言是一对孪生兄弟，它们生来就形影不离却是水火不容的。当然，人们也是很容易就看出它们的区别的：真话喜欢朴素的“衣裳”，谎言喜欢给自己本就漂亮的“衣服”再搭配许多好看的“饰品”。这就是老子所说的“信言不美，美言不信”，也就是说，真实可信的话不一定好听，好听的话不一定真实。

古训说：“说好者是吾贼，说吾恶者是吾师。”喜欢当面谄媚的人也喜欢背后诋毁人。有的人笑脸迎人，心中未必友好；有的人痛哭失声，心中未必悲伤。人的内心常与外表不一，很难看透。给你恰当批评的人，是你的老师；给你恰当肯定的人，是你的朋友；给你不恰当恭维的人，是你的敌人。讲别人的坏话，并非直爽；帮别人做坏事，并非有义。真是“画虎画皮难画骨，知人知面不知心”。

虽然是这个理，但在现实生活中，爱虚荣、好面子的人往往把说好者当成朋友，说恶者是视为贼敌。虽然没有人不喜欢别人的夸奖，这是人之常情。但是，一辈子生活在自己与别人共同制造的错觉之中，那就有些荒唐了。阿谀奉承的人是可耻的，听信阿谀奉承的人是可悲的。

当然，在现实生活中，我们不反对善意的谎言。当一位病人被医生判了死刑时，他的父母、爱人、子女以及所有的亲人，都不会直接地告诉他生命已无法挽救或最多还能在这个世界上活多久之类的话。虽然这些都是实话，但是谁会那样残忍地向已经在病痛中的亲人相告实情呢？这时，大家就会形成一个统一的战线，闭口不谈实情，而以善意的谎言来使病人对治疗充满希望，让病人在一个平和的心态中度过残年余日。

有人说真话难听，说明大凡诚信之言都难入耳，可古人在数千年前说的“美言不信，信言不美”，就已经告诉我们人言之真谛：好听的话不可信，而值得相信的话不好听。一些骗子就是利用人的虚荣心来骗取钱财，一些阴谋家说尽奉承话、虚夸的话，让人飘飘然落入他们预设的圈套。

看看各类电视广告，真是美不胜收，各样东西噱头十足、功效非凡。像有些减肥产品，总是强调说本产品不用运动、不用节食，轻轻松松瘦多少公斤，其实就是迎合了消费者既不想吃苦又不想花时间的心理。可是，那些瘦身代言人谁不是经过艰苦的锻炼和残酷的节食呢？这样的东西吃了或用了都只是给自己一点安慰而已。

8 毋以轻许诺言

轻诺必寡信。真正的承诺，就是把每一粒唾沫星都变成信用的钉子。

老子说："轻诺必寡信。"意思是说，轻率做出的许诺必定缺少信用。也就是说，真正的承诺是掷地有声的，是说话算数的。

秦朝末年，政治十分黑暗，老百姓的生活非常困苦，还要负担沉重的官差、徭役。季布心中仰慕古代的游侠，立志当一个除恶济贫的人。他从小练就了一身好武艺，决心做一个说话讲信用、行动讲效果、答应别人的事一定要做到、帮助别人不惜牺牲自己的人。长大后，他成了身材魁梧、武艺精良、说一不二的青年，很受大家器重。为了躲避差役，季布干脆离家出走，沿着长江四处流浪。他沿途帮助穷苦人民，主持正义，凡是他答应过的事情他一定做到，所以在长江中游一带很有名声。老百姓都说："得黄金百斤，不如得季布一诺。"后来这个故事就演变为成语"一诺千金"。

可是，在现实生活中，有些人为了骗人，为了攫取不义之财而根据别人的需要随便承诺，你需要什么，他就承诺什么。这样的承诺可信度几乎为零，千万信不得。

例如，有人觉得自己个子太矮，想增高，于是便有广告承诺只要买他的增高药、增高鞋垫，保证一个月之内增高多少厘米；有人身体不好，便有人向你推销包治面病的药物；有人想炒股发财，就有人说"你听我的，交钱若干，包你只赚不赔"；等等。遗憾的是，对这些漏洞百出的广告和所谓承诺，许多人还深信不疑，直到遭受了损失后才如梦初醒。这些上当受骗的人真该把老子"轻诺必

寡信”这五个字刻在心里。

当然，也有些人并不是骗子，他们想真心实意地做一件事，只是在面对别人的求助或邀请时不认真考虑，不仔细分析，不考虑自己的条件和能力，轻率地做出种种承诺，结果不仅把自己弄得焦头烂额，也失信于人。例如，几星期前，当你信誓旦旦地表示要在某天请朋友痛痛快快地吃大餐时，感觉抽出半天时间毫无问题。可随着饭局一天天临近，你却发现自己那天根本抽不出时间。

因此，不能轻易向别人做出任何承诺，一旦做出了承诺就要坚决兑现。因为没有条件和能力完成任务，不管原因如何，失信就是失信，所有的理由都不是理由。所以，要是不想不守信用，就一定不要轻易许诺别人。如果答应别人做一件不属于自己能力范围的事，就会得不偿失，给人一个不值得信赖的坏形象。

我们最容易犯的毛病就是不多加思考地答应他人的要求，殊不知，“诺”总是和“信”相联系，一个随便许诺的人，一定是缺乏诚意之人，因为缺乏诚意，他的许诺也就变得一文不值，甚至他这个人在他人心目中也是大大贬值。所以，我们做人、做事，要谨记“轻诺必寡信”这句话，不轻易答应别人，经过充分考虑后应允别人的，则一定要完成。以诚信待人，这是每个人都应该铭记的。

9 幸福就像手里的沙子

无为的要义既在于有所不为，也在于有所为。

老子说："道常无为而无不为。侯王若能守之，万物将自化。化而欲作，吾将镇之以无名之朴。无名之朴，夫亦将不欲。不欲以静，天下将自定。"

道家总是强调"无为"。"无为"如果只从字面来解释，必然得出"无所作为"的结论。其实，它是一个专用的哲学名词，与"无所作为"根本没有关系。它要说的是，对待任何事物都要任其自然，不可刻意求之、为之；若刻意追求，容易使人产生贪欲，只有绝了贪欲，心才能宁静，人生才能安定。

著名作家王蒙曾对"无为"做过很好的解释："无为，不是什么事情也不做，而是不做那些愚蠢的、无效的、无益的、无意义的，乃至无趣无味无聊，而且有害有伤有损有愧的事。无为就是力戒虚妄、力戒焦虑、力戒急躁、力戒脱离客观规律。无为又是一种道德原则，这种道德原则的要义在于有所不为，而不是无所不为。同时无为还是一种境界，是一种清明、沉稳、豁达，是一种哲人的自信心和喜悦。"

也就是说，无为可以使万物各得其所，各逐其生，万事迎刃而解，这就是无所不为。一个人掌握了这种精义，就会排除私心杂念，杜绝恣意妄为，并善于利用适当的时机，顺应客观规律，自然就水到渠成。这印证了几千年前老子所说的"无为故无败，无执故无失"，即对待一切应该任其自然，不刻意强求，这样才不会招致

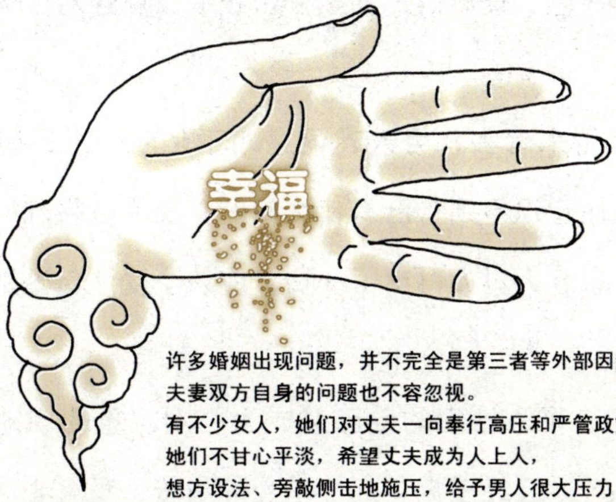

许多婚姻出现问题，并不完全是第三者等外部因素，
夫妻双方自身的问题也不容忽视。
有不少女人，她们对丈夫一向奉行高压和严管政策，
她们不甘心平淡，希望丈夫成为人上人，
想方设法、旁敲侧击地施压，给予男人很大压力。

失败；对待人和事，也不过于偏执，这样才不会遭到损失。就如同握在手中的沙子，握得太紧，失去的越多。

许多婚姻出现问题，甚至最终导致离婚，并不完全是第三者等外部因素，更多的是夫妻双方自身的问题。比如，有不少女人，她们对丈夫一向奉行高压和严管政策，她们希望丈夫成为人上人，于是想方设法、旁敲侧击的施压，给予男人很大压力。

在丈夫真正有所成就之后，女人往往还在原地踏步，于是有了危机感，拼命想抓紧婚姻。她们开始严管丈夫的生活，除了管一些小事，还要管钱包、查短信，甚至秘密跟踪，就连对方的工作都恨不得插一手。

女人越是管来管去，男人越烦感，于是两个人的感情越来越糟。可她们往往意识不到自己有什么问题，反而觉得理所应当，认为自己为这个家、为对方付出了一切，应该享受这份婚姻，享受到丈夫更多的爱。

可是她们忘了，她们的爱已经成为一副沉重的枷锁，套在了男人的身上，对方已经感觉不到一丝爱的甜蜜，只有心灵的疲惫不堪。当然，女人看重婚姻本没有什么错，只是当越想牢牢地掌控婚姻、拴住男人的时候，婚姻却越容易出现危机，男人反而会离得越来越远。

其实，婚姻中的男女应该是独立的个体，拥有自由的私人空间、自己的朋友、自己的爱好、自己的事业，他们不想因过分依附对方而失去自我。在感性的爱情里，也不要忘记留存一点理性的生活空间，不要试图去主宰什么，因为这世上没有任何一个人愿意成为他人的傀儡。

要想婚姻长久、美满、幸福，该就不要每天盯着、看着、防着、握着，别把婚姻“抓”得太紧。夫妻间应该有所保留，这不能视为对婚姻的不忠，而是一种夫妻融洽相处的艺术。夫妻就像两只相互依靠、彼此取暖的刺猬，远了，温暖不到对方；近了，会被对方身上的刺扎着。

10 以德报怨利大于害

受人恩德，小则视为大，少则视为多。

老子曾说：“大小多少，报怨以德。”意思是说，受人恩德，小则视为大，少则视为多，即便是怨恨，也要用恩德去报答。

当我们面对怨恨的时候，是不是要进行惩罚呢？老子指出，惩罚是无效的。因为“民不畏死，奈何以死惧之”？惩罚有其极限性，它的最高极限就是死刑。你有权以处死来威慑百姓，但偏偏就有人连死都不怕。当人到了连死都不怕的时候，你还能使出什么比死更可怕的惩罚呢？

当人受到逼迫，既不能安居又不能遂生，处于走投无路的时候，就会以死来相拼。面对这种局面，惩罚就显得太软弱无力了。由此看出，以怨报怨的惩罚作用实际是无效的。其结果，不仅不能起到禁恶的作用，反有可能促使邪恶行为的滋生。

每个人难免会犯错，当我们犯错时，周围的人宽怀包容的胸襟与大度，是支持我们重新站起来的力量。这样想想，面对他人的过错，我们就能如同老子一样“以德报怨”，以平和恬淡的心境看待社会和人生，无羞无恼了。更何况，冤冤相报何时了，与其以怨报怨害人害己，不如以德报怨利人利己。

唐朝诗人白居易在《赎鸡》诗中写道：“莫学衔环雀，崎岖谩报恩。”

这首诗讲的是黄雀衔环的故事。据说，汉代杨震的父亲杨宝9岁时，在华阴山北见一只黄雀被老鹰所伤，坠落在树下，为蝼蚁所人活在世上，总要与形形色色的人打交道，在相处过程中难免产生摩擦，有时在工作中甚至不知何故就被别人穿了"小鞋"，心里难免产生怨恨。其实，对待这些问题，我们的先哲早就有过精辟的回答："大小多少，报怨以德。"

困。杨宝怜之，就将它带回家，放在巾箱中，给它喂黄花。百日后的一天，黄雀羽毛丰满，就飞走了。当夜，有一黄衣童子向杨宝拜谢说："我是西王母的使者，君仁爱救拯，实感成济。"并以白环四枚赠与杨宝，说："它可保佑君的子孙位列三公，为政清廉，处世行事像这玉环一样洁白无瑕。"

果如黄衣童子所言，杨宝的儿子杨震、孙子杨秉、曾孙杨赐、玄孙杨彪四代都官至太尉，而且都刚正不阿，为政清廉。他们的美德为后人所传诵。

可见，黄雀衔环是"滴水之恩，当涌泉相报"的典范。

公元前594年的七月，秦桓公出兵伐晋，晋军和秦兵在晋地辅氏（今陕西大荔县）交战。晋将魏颗与秦将杜回相遇，二人厮杀在一起。正在难分难解之际，魏颗突然见一老人用草编的绳子套住杜回，使这位堂堂的秦国大力士站立不稳，摔倒在地。魏颗当场俘获了他，秦兵大败。

晋军获胜收兵后的当天夜里，魏颗在梦中见到了那位白天为他结绳绊倒杜回的老人。老人说："我就是你令她改嫁而没有让她为你父亲陪葬的那个女子的父亲，我今天这样做是为了报答你的大恩大德。"

原来，晋国大夫魏武子有位没有生育儿子的爱妾，魏武子刚生病的时候就嘱咐儿子魏颗："我死之后，你一定要把她嫁出去。"

不久，魏武子病重，又对魏颗说："我死之后，你一定要让她为我殉葬。"

魏武子死后，魏颗并没有把那位父亲的爱妾杀死陪葬，而是把她嫁给了别人。魏颗说："人在病重的时候，神智是昏乱不清的，我嫁此女，是依据父亲神志清醒时的吩咐。"

因此，人活在世上，总要与形形色色的人打交道，在相处过程中难免产生摩擦，有时在工作中甚至不知何故就被别人穿了"小鞋"，心里难免产生怨恨。其实，对待这些问题，我们的先哲早就有过精辟的回答："大小多少，报怨以德。"

11 欲擒故纵的策略

欲擒故纵是一种聪明的处世策略，对于很多事情反其道而行之可能是捷径。

老子说："将欲歙之，必固张之；将欲弱之，必固强之；将欲废之，必固兴之；将欲夺之，必固与之。"意思是说，对待任何事物，想要收缩它，首先要张开它；想削弱它，首先要让它自我膨胀；想废除它，必先捧它；想夺取它，必先施舍它。

这种欲擒故纵以达到目的的手段，是一种聪明的处世策略——对很多事情反其道而行之可能是捷径。它充分地利用了人的欲望会随着利益的获得而不断膨胀的心理，把陷阱掩藏在给予的幌子下，让人在不断获得的情况下，或丧失理性，或降低认知能力，或激发贪欲，或放弃戒备，从而落入别人设计的圈套。

不放诱饵，就钓不了大鱼；想要有所得，必先付出。这种"欲取先与"的策略，正是老子表达出的处世智慧。

一个刚退休的老人回到老家——在一个小城买了一座房子住下来，想在那儿安静地度过自己的晚年，写些回忆录。

刚开始的几个星期，一切都很好。安静的环境对老人的精神和写作都很有益。

有一天，三个年轻人来这里玩。他们把几只破垃圾桶踢来踢去，玩得不亦乐乎。老人受不了这些噪音，于是出去跟他们谈判："你们玩得真开心，我很喜欢看你们年轻人踢桶玩。如果你们每天来玩，我给你们每人一块钱。"

三个年轻人很高兴，更加起劲地表演他们的足下功夫。过了三天，老人忧愁地说："通货膨胀使我的收入减少了一半，从明天

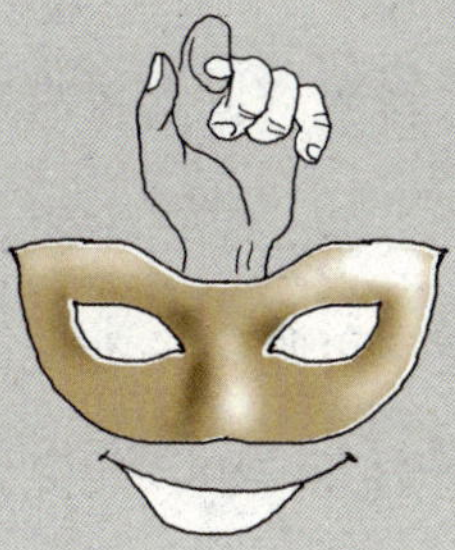

欲擒故纵以达到目的，是一种聪明的处世策略：
对于很多事情反其道而行之可能是捷径。
它充分地利用了人的欲望会随着利益的获得
而不断膨胀的心理，把陷阱掩藏在给予的幌子下，
让人在不断获得的情况下，或失去理性，
或降低认知能力，或激发贪欲，或放弃戒备，
从而落入别人设计的圈套。

起，我只能给你们每人五毛钱。”

三个年轻人很不开心，但还是答应了这个条件。每天放学后，他们继续去表演。一个星期后，老人愁眉苦脸地对他们说：“最近我没有收到养老金汇款，对不起，每天只能给你们每人两毛钱了。”

“两毛钱？”一个年轻人脸色发青，“我们才不会为了区区两毛钱浪费宝贵时间为你表演呢，不干了。”

从此以后，老人又过上了安宁的日子。

可见，“取与之道”是个权变术，只有先给予别人好处，才会有最后的回报。

12 残缺也是美

月满则亏，水满则溢，要时刻注意自己是不是已经接近亏和溢的拐点。

老子说："天下皆知美之为美，斯恶已；天下皆知善之为善，斯不善已。"意思是说，如果天下的人都知道什么是美，这个美就该褪色了，开始变得不美了；如果天下的人都知道什么是善，这个善可能离恶不远了。老子的话虽然有些费解，但静观世间万事万物的发展，也确是这个理。

《菜根谭》中说："滋味浓时，减三分让人食，路径窄处，留一步与人行。"留人宽绰，于己宽绰；与人方便，于己方便。这是古人总结出来的处世秘诀。肚子饿了要吃饭，可吃多了难受，甚至会撑出毛病来。玩多了会累着，锋芒过露会招人嫉妒，话说大了会让自己尴尬……凡事要给自己留点余地，也要给别人留点余地。

"月满则亏，水满则溢。"为人处世更不可把自己逼进死胡同，所以，聪明之人总是寻求一条安全的路线，给自己留点余地。

一个人办事或说话留有余地，是给别人也是给自己一个缓冲的机会，这不是什么滑头，因为做事、说话难免会遇到意想不到的事情。所以，不能把话说得太死，把事做得太绝，给别人或自己有个灵活的安排，才是明智之举。留一点余地，就是留一条退路，留一片蓝天！

上海某著名酒店的总经理向同行作报告时，一位听众问："去年您在酒店管理上取得了不凡的业绩，请问，对您来说，最重要的是什么？"

这位总经理没有正面回答，他转身拿起粉笔在黑板上随手画了一个留有缺口的圈，然后他反问道："这是什么？"

"零"、"圈"、"未完成的事业"、"成功"……台下的听众给出了各种不同的答案。经理对这些回答不置可否，他说："其实，这只是一个未画完整的句号，你们问我为什么会取得不凡的业绩，道理其实很简单，在管理中，我不会把任何事情做得很圆满，就像画个句号，一定要留个缺口，让我的下属去填满它。"

听众听后细悟一会儿后，不约而同地鼓起掌来。

留个缺口给他人，就是留点余地和空间给他人去发挥、去创造。这样做，并不说明自己的管理能力不强。实际上，这是一种管理上的智慧，是一种更高层次上的驾驭，是一种达到全局性圆满的高明。

古人说的“逢人且说三分话，未可全抛一片心”，说的就是在待人接物时，要保持一定的距离，过分亲密往往是疏远的开始。美学上讲，“距离产生美”。其实，人与人之间也要讲“距离”，一方面，地球愈小；另一方面，个人空间愈大，人们对“私密性”的要求愈大，这就有了“人泡儿”之说。在越来越频繁的人际交往中，适度地把握好“距离”真是一门不小的学问。

人与人的“距离”没有固定的数字，它因人、因场合而异，掌握了距离这门学问，我们就学会了尊重和被尊重，就能更好地处理人与人之间的关系。俗话说，人就像冬天的刺猬，太近了刺人，远了又觉得孤独和寒冷，这是对距离最好的诠释了。人就是这样一种存在，既需要距离，又试图超越距离。但人在超越时空距离的同时，又小心地保持着人与人之间的距离。那些无话不说的朋友最后变成了仇人，既令人惋惜，也引人深思。

切忌：不要当众指出他人的错误或揭露他人的短处，因为谁都不愿把自己的短处或隐私在公众面前“曝光”，一旦被人“曝光”，就会感到难堪或恼怒。因此，在人际交往中，如果不是为了某种特殊需要，一般应尽量避免触及对方所避讳的方面，避免使对方当众出丑；必要时或委婉地暗示对方自己知道他的短处或隐私，对他造成一种压力，但不可过分，只需点到为止。

13 落一叶而知天下秋

见微知著，就是透过一根小小的导火索，引爆炸弹。

老子说："见小曰明。"意思是，能以小观大，以微知著，落一叶而知秋，这才叫明智。如果总是糊涂人做糊涂事，不善于观察，不注重细节，大而化之，是个十足的"差不多"先生，那与傻瓜就没有多少距离了。

有价值的线索往往并不显眼，如果你具备了见微知著的本领，你就会"点燃"那根小小的导火索，从而"引爆"一颗推知事物本质和趋势的大炸弹。事物皆有其本身的自性和规律，如果人们能从事物细微处窥见其自性和全貌，在其初萌时就测知其将来发展的趋势，可谓是明智。

在生活中，我们在集中精力去关注那些我们认为重要的东西的同时，也漏掉了一些我们认为不重要但其实很重要的东西。也许正是这些被忽视的东西，会造成不可挽回的损失。

商纣王刚开始当国王时，就让工匠用象牙为他制作筷子。对此，他的叔父箕子就表示出了一种担忧。箕子认为，既然你使用了稀有昂贵的象牙作筷子，与之相配套的杯盘碗盏就再也不会用陶制的笨重物了，而必然会换成用犀牛角、玉石磨出的精美器皿。餐具一旦换成象牙筷子和玉石盘碗，你就一定不会再去吃大豆一类的普通蔬菜，而要千方百计地享用牦牛、象、豹等山珍美味了。紧接着，在尽情享受美味佳肴之时，你一定不会再去穿粗布缝制的衣裳，住在低矮潮湿的茅屋下，而必然会换成一套又一套的绫罗绸缎，并且住进高大的房子中。

箕子害怕照此演变下去，必定会带来一个悲惨的结局。事情的发展果然不出箕子所料。仅仅过了五年时间，纣王就演变到了穷奢极欲、荒淫无耻的地步。

箕子能从象牙筷子的苗头，推断出商纣王必然亡国的命运，可谓是见微知著、由小见大的顶级高手了。

从前，有个人向财主借钱，谈好利息和借期后，财主把铜钱拿出来。借钱的人用两根细长的手指夹着一枚铜钱，快速转动，手指显得十分灵活。铜钱虽然转动很快，但始终没有掉落在地。

财主一直盯着借钱者的手指，而借钱者浑然不觉，也没有发现财主的异样表情。突然，财主收起钱，说不愿意借给他了。借钱者不明所以，财主也不说什么，只是端茶送客。

仆人问主人为何食言，主人说：“我看他玩钱的动作，就知道他是一个惯赌的人，把钱借给一个赌徒，恐怕有去无回。”

这个借钱者的确是个赌徒，那天借钱正是为了去赌博。借钱的人或许永远也不知道，自己一个小小的玩钱细节，泄露了自己的底细。而财主正是根据这个细节，避免了自己财产的损失。

民间有句俗语，“三岁看老，七岁看小”，意思是说，从孩子的举手投足之间就可以看出一个人的性格和潜质，也可以预知一个人的将来。不仅是小孩子，就是很多成年人，也可以从细节看出他的很多内在东西，甚至可以预测他的发展。

14 舌尖上的大学问

说话艺术不是低水平的雕虫小技，而是办成大事的杀手锏。

老子说过：“善言无瑕谪”，即善于言辞口才的人，挑不出其语言的毛病，圆通而无懈可击。

说话是一门学问，是一种重要的生存智慧。人们常说：“一句话让人笑，一句话让人跳”，讲的是要表达同一个意思，不同的说法，效果是完全不一样的。

一位美国记者在采访周恩来时，无意中看到总理桌子上有一支美国产的派克钢笔。那记者以带有几分讥讽的口吻问道：“请问总理阁下，你是堂堂的中国总理，为什么还要用我们美国产的钢笔呢？”周恩来听后风趣地说：“谈起这支钢笔，说来话长，这是一位朝鲜朋友的抗美战利品，作为礼物赠送给我的。我无功不受禄，就拒收。朝鲜朋友说，留下做个纪念吧。我觉得有意义，就留下了这支贵国的钢笔。”

美国记者听完，顿时哑口无言。

这位记者的本意是想挖苦周恩来，你们中国人连好一点的钢笔都不能生产，还要从我们美国进口。可周恩来妙语连珠，既不失国格人格，也说得彬彬有礼，符合外交规范。这位记者正是搬石头砸自己的脚，丢尽颜面。

当然，说话必须看对象、分场合，否则，你再能言善辩，别人也不买你的账。

一个读书人经过三科，又参加候选，得了一个山东某县县令的

在人生的胜局中，说话虽然不是万能的，
但不会说话是万万不能的。
说话是一种技术，也是一门艺术。

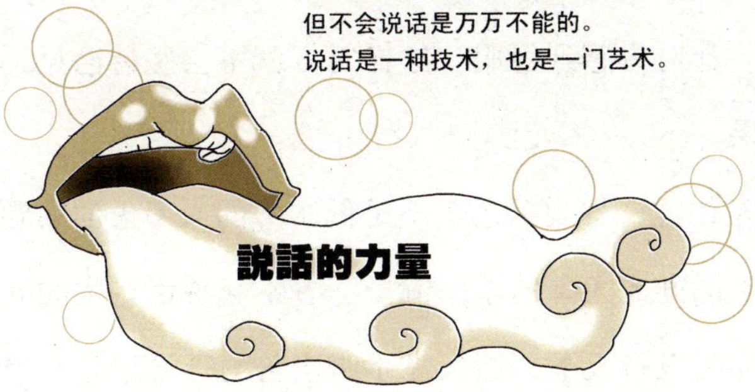

职位。他第一次去拜见上司，不知该说什么话。沉默了一会儿，忽然问道：“大人尊姓？”

这位上司很吃惊，勉强说了姓某。他低头想了很久，说：“大人的姓，百家姓中所没有。”

上司更加惊异，说：“我是旗人，贵县不知道吗？”

他又站起来，说：“大人在哪一旗？”

上司说：“正红旗。”

他又说：“正黄旗最好，大人怎么不在正黄旗呢？”

上司勃然大怒，问：“贵县是哪一省的人？”

他说："广西。"

上司说："广东最好，你为什么不在广东？"

那人吃了一惊，这才发现上司满脸怒气，赶快离开了。

第二天，上司令他回去作教书先生。试想，连上司的姓氏都没弄清楚，岂不是自找苦吃。

有时绕道或多走一个弯，更容易到达目的地，这就是"善行无辙迹"的实践。而"善行无辙迹"更要配合"善言无瑕谪"。善言无瑕谪，就是我们所讲的嘴甜、脸笑、腰软、热情、心诚、脚勤等。当然，嘴甜并不是溜须拍马，而是说好话或说一些有助于世道人心的话，让对方感到舒服，这样对方就不会坚持己见，从而收到不错的效果。

卡耐基说过："说话艺术不是低水平的人考虑的问题，而是高水平的人试图办成大事的杀手锏。"看不起说话艺术的人常犯的通病是：不靠嘴巴打天下，而只靠手脚出苦力。结果是，浪费了人生许多大好良机。在人生的胜局中，说话虽然不是万能的，但不会说话是万万不能的。

学会说话非常容易，但学会说让别人爱听的话，可不是一件容易的事。难怪台湾著名的成功学家林道安说："一个人不会说话，那是因为他不知道对方需要听什么样的话；假如你能像一个侦察兵一样看透对方的心理活动，你就知道说话的力量有多么巨大了！"

的确，在生活中，有些人本领极高，可以翻江倒海，可以力拔山兮，但就是因为不会说话，或者只会说让人别扭的话，结果总是让自己活在气喘吁吁的感觉之中；相反，有些人本领一般，但就是有一张好嘴，结果做什么事情都顺顺利利。这可是被无数事实证明了的金科玉律。

15 美言也可以市尊

善人因为有道而被人看重，其言论也会使人觉得可爱，心生敬重。

老子说：“美言可以市尊，美行可以加人。”意思是说，美好的言辞可以换来别人对你的尊重，良好的行为可以见重于人。

从人际交往来看，美好的言语确实可以让人敬重。这就是“善人之宝”——善人的一个法宝。善人因为有道而被人看重，所以他说出来的“美言”、“嘉言”也使人可爱，也使人敬重。

人人都喜欢被别人称赞，中国人很早就发明了一个很形象生动的词——“戴高帽”。可是从古到今，“戴高帽”的名声并不佳。因为，这种所谓的“称赞”，并非出自称赞者的真诚，也并非客观公允，它只是称赞者利用“人性弱点”来达到自己某种目的的手段而已。话又说回来，人生在世，“高帽子”还得戴，而且要善于戴。如何给他人戴上得体的“高帽子”，这是大学问。

“高帽”如果戴得好，别人高兴，自己得利，办事一帆风顺；可戴得不好，让人一听就是假话，就是阿谀逢迎，落得个投机钻营的坏名声。当然，被称奉者应该当心，且莫让他人的迷魂汤灌醉，使自己晕晕乎乎钻进了“高帽子”的圈套。

帽子，不管是御赐的还是自封的，不管是时人冠之还是后人扣之，演绎出的奇闻异事至今仍很常见。

1725年，法国哲学家伏尔泰流亡到英国。一天，当他正在河边散步欣赏风景时，一群愤怒的英国人抓住了他。当时英法之间的关系很紧张，很多英国人仇恨法国人。他们抓住伏尔泰后，把他捆了

个结结实实，高喊着“绞死他，把这个法国佬绞死!”就这样伏尔泰被送上了绞刑架。

可绞刑架上的伏尔泰却哈哈大笑起来，他说：“尊敬的英国人，既然你们要绞死我，那我死好了。但能不能让我这个就要死的人说几句话呀？我知道，英国人个个都是绅士，我这个要求不会遭到拒绝吧？”

鼎沸的人群一下子安静了下来，领头的喊道：“你还算知道我们英国人绅士，好，给你几分钟的时间，你想说什么就快说吧。”

伏尔泰继续说：“好的，谢谢你，先生。各位英国朋友，你们要惩罚我，是因为什么？”

“当然因为你是一个法国人!”众人异口同声地说。

“是啊，只因为我是个法国人，你们要处死我。可各位想想，我从一出生就是法国人，无论我怎么努力，这辈子都无法成为高贵的英国人。难道，这样的惩罚对我来说，还不够严厉吗？”伏尔泰微笑着说。

英国人听了，你看看我，我看看你，突然，又都得意地大笑起来。他们被伏尔泰的智慧和幽默征服了，最后，他们高兴地放了他。就这样，伏尔泰用自己的智慧和口才，在危急关头拯救了自己。

伏尔泰之所以能化险为夷，有三个重要原因。

首先就是巧“戴高帽”，赢得了说话的机会。机智的伏尔泰深知，英国群众正群情激奋，他只能智取，不能力争。于是，他以退为进，假意承认自己死是应该的，然后请求对方给自己一个说话的机会。他在提出请求的时候，巧妙地给所有在场的英国人都戴上了一顶“高帽”——“英国人个个都是绅士”，认为自己是绅士的英国人，只得答应了伏尔泰“说几句话”的请求。

其次，明知故问，求得交流机会。被允许说话后，伏尔泰抓住机会，向英国人提出了一个不是问题的问题——“你们要惩罚我，是因为什么”。这个问题的目的不在于问，而在于迫使对方和自己建立交流渠道。伏尔泰明白，只有让英国人认可自己说的道理，自己才有生存的可能。面对这一问题，英国人只好回答他，于是顺利进入了伏尔泰的论辩轨道，为后面获得释放做好了铺垫。

最后，虚心恭维，取得最终胜利。听到回答后，早有准备的伏尔泰开始虚心恭维对方，说自己生来就是一个法国人，这是没有办法的事。他即使再“怎么努力”，也无法成为“高贵的英国人”，用贬低自己抬高英国人的办法，把是“法国人”说成是对自己最大的惩罚。如此一来，受到称赞的英国人一时心情大好，痛快地放了他。

切忌：“戴高帽”与“拍马屁”形式相似而本质迥异。“拍马屁”是恶意的，是怀着不可告人的目的去曲意逢迎；而“戴高帽”是善意的，是怀着善良之心去劝说的，所讲的话虽然有所夸张，但基本上是实话。在人际交往中，“马屁”不可拍，但“高帽”可以戴。

“高帽”的另一面就是自谦。自谦是一种含蓄的智慧，但一旦到了卑下的程度，就适得其反了。可见，不管是别人给你“戴高帽”，还是自封名号，都涉及自我认知和对外界评价的审识。自知首在清醒，然后才会有妙用。帽子与脑袋的关系，在一定程度上是名与实的关系。齐宣王悦其名而丧其实，是徒有虚名；黄公掩其名而失其实，是有实无名。因此，在这个变化莫测的世界上，保有一份清醒的自知，实在是做人的必须。

16 帮人帮出的烦恼

期待回报和感恩，会使助人之心变得脆弱，一受委屈就会愤愤不平，伤害双方。

《庄子·应帝王》篇中讲了这样一个故事。

南海之帝名叫儵，北海之帝名叫忽，中央之帝名叫浑沌。儵和忽经常在浑沌的地区会见，浑沌待他们两人非常好。儵和忽商议报答浑沌的恩情，两人合计："人们都有七窍（眼二、耳二、口、鼻孔二），用来看、听、吃和呼吸，这些器官唯独浑沌没有，我们试着给他凿开吧！"

他俩每天给浑沌凿一窍，凿到第七天时七窍凿成了，可是浑沌也被凿死了。南海之帝儵和北海之帝忽都是好人，他们都有一颗感恩的心，想真心实意地帮助中央之帝浑沌，可结果是好心办了坏事。可见，事物都有各自的特殊性，每个人有每个人的具体情况，如果把个人的主观愿望强加于客观事物，强求一律，就会好心做出坏事，造成不应有的损失，甚至无法挽救的后果。

帮人最忌讳的就是不看对象、不明就里、不辨实情，认为只要帮人就是高尚。岂不知，有很多事情，能帮忙则帮忙，不能帮忙就别帮忙，帮了也是帮倒忙，结果是越帮越忙。

例如，四川汶川大地震后，有许多志愿者千里奔赴灾区，以为去帮助受灾的同胞，结果不仅没有帮助到别人，自己也成了需要帮助的"灾民"。还有许多好心的心理咨询师去灾区对受灾同胞进行心理安慰。但相当一部分人没有意识到，他们要帮助的对象不是一般意义上的"病人"，如果有意无意地拿出一幅"救世主"的咨询

南海之帝倏和北海之帝忽都是好人，
也有一颗感恩的心，
他们是真心实意地要帮助中央之帝浑沌，
结果是好心办了坏事。

帮助别人

1. 要量力而行，不能打肿脸充胖子。
2. 要适可而止，是帮助人而不是替代别人。
3. 帮人要帮得得体，分清什么情况下有求必应，什么情况下有求适当应，什么情况下没求也应，什么情况下有求也不应。
4. 摆平心态，不为虚荣，不另有所图，不为一己之利，不为沽名钓誉。
5. 帮人就是帮人，要不求回报，不是做买卖搞交易，不是赢斤亏两。
6. 真诚相待，有爱施爱，有难帮难。

和干预架势，不仅帮不了忙，而且还会惹出很多麻烦来，并由此留下很多无法解决的后遗症。

帮人若没有时间观念，也不看眼下的具体情况，结果弄得一地鸡毛，不好收拾。有一位朋友是个热心肠，帮人极热心，而且还最愿意帮助有困难的女士，这到也无可厚非。可如果热情过度，不讲方法，只凭感情、热情用事，结果弄得好心帮人，反而引起别人的反感，甚至怀疑帮人的动机。

帮忙不看具体事情，只凭一颗红心，说不定还会引火烧身。

比如，当你的好朋友要求你办点你能办到的事情时，你应尽最大的努力去办。假若朋友提出的某些要求不是你力所能及的，你又碍于面子不好回驳或拒绝，如果你硬着头皮去办，耽误了自己的事情不说，还会对你们的关留下阴影。

因此，帮助别人一是要量力而行，不能打肿脸充胖子。二是要适可而止，是帮助人而不是替代。三是帮人要帮得得体，分清什么情况下有求必应，什么情况下有求适当应，什么情况下没求也应，什么情况下有求也不应。四是摆平心态，不为虚荣，不另有所图，不为一己之利，不为沽名钓誉。五是帮人就是帮人，要不求回报，不是做买卖搞交易，不是赢斤亏两。六是要真诚相待，有爱施爱，有难帮难。

助人的心应该是纯粹的，时时想着回报和被感恩，善心会变得脆弱，一受委屈、一碰见忘恩负义之事，变会愤愤不平，继而麻木不仁。另外，助人的目的应该是“助人自助”，是帮助别人走上成长之路，增强解决危机的能力，所谓“授之以鱼，不如授之以渔”。